호르몬 일지

영이

호르몬 일지

■ 모욕감은 우리의 무기다. 적어도 여기서 '우리'가
퀴어라는 범주에 속하는 너와 나라면 말이다. 그런데 대체
모욕감은 무엇에 대해, 그리고 어떻게 무기가 되는가?
또 우리는 그렇게 쉽게 하나로 호명될 수 있는 집단인가?
영이는 지속적으로 예리하게 반문한다. 중간이라곤 없는
듯이 적나라하고 산만한 표현으로 가득 찬 이 일기에서,
당신은 한 트랜스젠더 여성이 바로 그런 표현으로써
세계를 뒤집어 바라보는 것을 쭉 읽게 될 것이다.
하지만 함부로 신기함이나 놀라움을 표하지는 마시라.
그 순간 영이가 당신의 뒤통수를 내리칠 터이니.

— 윤아랑(『뭔가 배 속에서 부글거리는 기분』 저자)

호르몬
대체요법 시작

순전히 금전적 이유로 지금까지 계속 미루고 있었던 호르몬 대체요법을 최소한 초기 검사 비용만큼은 모인 지금이 아니면 평생 못 받겠다는 생각이 문득 어느 날 갑자기 들어 그대로 병원에 전화해 진료 예약을 잡았다.

처음 예약한 병원은 성 주체성 장애 진단을 내려 주는 정신과였다. 이 정신과 진단이 없으면 추후 필요한 호르몬 대체요법과 수술 등 그 어느 것도 받지 못한다. 이미 10년 가까이 다른 정신건강의학과를 다녔음에도 불구하고 여기서는 다른 심각한 정신적 문제를 가지고 있지 않은 척해야 했다. 지금까지 너무 많은 정신 검사를 받아 온 입장에서 이건 쉬웠다. 특히 대면 상담에서 '전형적인 트랜

스젠더 경험'을 가장해야 한다는 이야기는 트랜스
젠더들 사이에 한참 널리 퍼져 있다. 어린 시절부
터 '전형적인 여자아이', 혹은 '전형적인 남자아이'
같았다는 거짓말 혹은 과장 말이다. 물론 거짓말도
과장도 아닌 이들도 있고 나 또한 통용되는 시나리
오에 부합하는 경험이 전혀 없는 것도 아니었지만,
뭐든지 '전문 의료진', 그러니까 나, 그리고 내 경험
과 하등 상관없고 시스템상의 권위를 가지고 있는
타인에게 그 사람이 알아먹기 쉽게 포장해서 갖다
바치고 대령하는 기술은 어디서나 누구에게나 언
제든지 요구될 수 있는 보편적인 생존법이리라.

　이렇게 받은 성주체성 장애 진단 결과를 트랜
스젠더 대상의 호르몬 대체요법을 실시하는 국내
에 얼마 되지 않는 병원 중 하나에 찾아가 제출해
야 한다. 검사지를 제출하고 나서도 바로 호르몬제
를 처방받을 수 있는 것이 아니다. 혈액 검사를 예
약하고 혈액 검사를 받고 그 검사 결과가 나오는
데까지 몇 주가 걸리며, 그러고 나서도 의사가 의
료적 트랜시션 과정 자체에 대해 '숙고'해 보라며
추가로 두 달을 더 기다리게 한다. 기본적으로 의
료 체계는 환자의 경험을 믿지 않는다. 나는 이것
을 오랜 정신건강의학과 내원 경험으로 뼛속 깊이

알고 있었다.

더군다나 이 혈액 검사라는 것이 한 번 받고 끝이 아니라 진료 때마다 주기적으로 받아야 한다는 의사의 통보에 상당히 부담과 부당함을 동시에 느꼈다. 혈액 검사 비용은 비교적 저렴한 호르몬 처방 비용에 비해 만만치 않기 때문이다. 실지로 나는 건강 이상에 대비해 주기적으로 상태를 검사받아야만 한다는 의사의 말에 '나 본인이 별로 건강이 중요치 않으면 안 받아도 되는 거 아니냐'고 따졌다. 물론 지금 생각해 보면 매우 멍청한 소리다. DIY 호르몬 대체요법을 실시하는, 즉 병원을 방문하지 않고 의사의 권위와 통제에 의존하지 않으며 스스로 호르몬제를 처방하는 트랜스젠더들도 혈액 검사는 주기적으로 병원에 찾아가 따로 받아주기 때문이다.

2022년 12월 20일, 이렇게 에스트라디올 발레레이트 2mg과 시프로테론아세테이트 50mg을 처방받았다.

차례

2부   **2024년**

일러두기

1   2022년에서 2024년까지 작성한 '호르몬 일지'를 바탕으로 삼고 새
     원고를 추가했다. 「내 영역」은 인문잡지 《한편》 '집'(2024년 1월호)에
     수록되었다.
2   외래어 표기는 국립국어원의 외래어 표기법을 따랐으며 일부 관례로
     굳어진 것은 예외로 두었다.
3   단행본은 『 』로, 개별 작품은 ' '로, 잡지 등 연속간행물은 《 》로
     표시했다.

1부

2023년

24일째: 2023년 1월 12일

외형적 변화는 하나도 없지만(사실 기대하지도 않았고) 신체적·정신적 변화는 너무 많은데 우선 정신적으로 굉장히 차분해졌고 스트레스도 덜 받고 전반적인 초조함? 다급함? 불안함? 같은 게 많이 해소됨. 항상 있던 뼈 깊은 욕구불만 같은 게 사라짐. '무언가를 해야만 된다' 이 생각이.

여기서 '무언가'는 무언가 특별한 것. 무언가 재밌고 새롭고 위반적이며 위법적이고 일탈적이고 특별한, 성취적인, 경험적인 어떤 것. 물론 하고 싶고 하면 좋지만 이걸 안 한다고 해서 뒈지고 싶은 그런 감각은 '많이' 사라짐.(아예 사라진 건 아님) 신체적인 부분은 정말 다양하고 급박하게 변화됐는데, 수면 패턴, 식사 습관, 피로도, 기운, 감각 같은 것들이 다 바뀜. 진짜 한 3주차쯤 되니까 갑자기 잠을 중간에 자주 깨고 우선 잠에도 잘 못 들고 잠을 오래 못 자고 일찍 일어나고(그렇다고 일찍 자지는 않음) 수면 시간이 많이 줄어들었는데 그렇다고 막 엄청나게 졸리지도 않고(안 졸린 건 아님) 등. 식사 습관은 많이 먹고 자주 먹고 자주 배고프고 배고플 때 많이 배고프고 먹고 싶은 게 많아졌고. 그러나 호르몬 복용하면 살이 찐다던 경고와는 달리 배고픔에 맞춰서 많이 먹는다고 해도 살이 찌지는 않는다…… 오히려 빠지는 편인데 이게 호르몬 때문에 신진대사가 (안 그래도 많았던 게 더) 늘어난 것인지…… 피로도는 매일 운동하는 게 요즘 원래 효과를 보지 못했던 거는 있지만 (그러니까 운동을 해도 운동이 점점 익숙해져서 안 힘들어지는 게 아니라 어째 하면 할수록 점점 힘들어지는 거) 어째 호르몬 한 이후로 더 몸이 평소에 힘들어진 것만 같은 느낌적인 느낌이 있음(그렇게 심하진 않음). 기운은 피로도와 마찬가지. 이제 가장 중요한 게 감각 면인데, 호르몬 하기 전에도 평소에 종종 느꼈던 창피한 감각? 수치심의 감각? 같은 게 엄청 더 자주, 엄청 더 강하게 느껴짐.

그러니까 이 창피 혹은 수치의 감각이라는 게

단순히 정신적으로만 느껴지는 아 창피하다, 아 수치스럽다, 얼굴을 못 들겠다, 쪽팔리다 이런 감각이 절대 아니고 정말 몸, 근육, 피부로 느껴지는 아주 강력하고 날카로운 찌르는 듯한, 시원한, 싸늘한, 벌레가 기어오르는 듯한, 노출되면 안 되는 곳에 노출된 듯한 그런 느낌인데 말했듯이 원래도 자주 느끼긴 했음 어쩌다 한 번씩. 근데 이게 이제는 진짜 하루에도 몇 번씩, 전보다도 비교할 수도 없을 정도로 강하고 심각하게 뼈저리고 심장 저리게 내 몸의 중심들을 찔러서 찢어발기는 듯이 느껴짐. 이건 정말 심각함. 근데 그렇다고 해서 이 감각이 내 사고나 행동을 방해하거나 멈추는 정도로 영향력이 큰 감각은 원래 본질적으로 아니었기 때문에 이게 그 강도가 강해졌다고 해서 정말 생활에 큰 지장이 있지는 않지만 그래도 정말 계속 빈번하게 자주 당혹스럽고 불쾌하고 끔찍한 기분이 든다. 그냥 좀 안 좋음? 나쁨? 으로 다가오는 중…… 그래도 전반적으로 정신적인 문제들이 (충동 면에서) 많이 줄어드니깐 저런 다른 문제들이 산재해 있다고 해도 전체 효과를 합산하면 좋은 게 더 많은데(물론 정신병 부분 자체에는 전혀 영향을 끼치지 않고 있음) 그렇다고 해도 신경 쓰이는 부분이 없는 건 또 아니고 아무튼 그렇다……

35일째: 1월 23일

아 씨발! 도대체 이 차가운 수치심의 감각은 어디까지 강해지려는 건지! 강해지는 것뿐만 아니라 점점 더 지배적인 신체 감각으로 변해 가고 있다.

거의 상시 잔잔하게라도 느껴지는 이 감각은 내 행동이나 활동에 직접적으로 영향을 미치지는 않지만 계속 은은하게 내 기분을 살짝씩 좆같이 만들고 있는데 다리, 몸통, 팔 부위에서 계속 감싸듯이 이 서늘한 느낌이 올라온다. 마치 내가 잘못된 곳에서 잘못된 상태로 있다는 느낌. 단적으로 말하면 병원 침대에 누워서 옷을 다 입고 바지 뒤쪽에만 구멍이 뚫린 채 그 아래 받쳐진 양동이로 배설을 하고 있는 느낌이다. 피부와 근육 전체를 지배하며 나에게 무언가의 오류를 끊임없이 알려 주고 있는 이 감각……

주요 부위:

1. 가슴

2. 다리

3. 팔

4. 몸통

5. 목

6. 허리

7. 배 속 (뭔갈 먹고 나서 소화될 때마다 그 소화되는 감각에서 발생함. 위장에서 따로 장에서 따로 그리고 이게 소화 및 배설 과정에 대한 감각이기도 하지만 또 동시에 살이 찌는? 생성되는? 그런 감각이기도 함. 미치겠음 존나 끔찍함 씨발)

킬타임 트래시 1회

앞으로 9개월에 걸쳐 완성하게 될 '게임 충동: 배신하는 UI들'의 전신이라고 할 수 있는 원고 및 기획안들을 처음으로 발표했다. 기획의 제목은 '잔혹함(CRUELTY CHEST)'였고, 앙토넹 아르토의 잔혹성 개념을 통해 웃음과 놀이, 도시, 미추, 이상 다섯 가지 개념을 바라보고자 했다. 이때 '놀이의 잔혹함' 장이 '게임 충동'으로 발전하게 되었고, '도시의 잔혹함'은 별개의 글로 완성된다.

　행사에 참석한 사람들은 발표를 재밌어했다. 여기저기서 웃었고, 자세하고 심도 있는 질문들이 있었으며, 다들 해당 기획에 많은 관심을 가져 줬다. 행사 날로부터 한참 시간이 지난 나중에까지도 계속해서 그날 발표했던 기획은 어떻게 됐냐는 질문을 받아 왔다. 사람들이 발표를 기억했다는 사실 자체가 신기하다. 내가 재밌는 걸 쓰고 관심받을 수 있는 걸 발표했다는 사실은 안도감을 준다. 내게 쓸모가 있다는 사실에.

그리고 이날 처음 만난 트랜스젠더 친구들이 꽤 된다.

뒤풀이는 없었으며 날은 굉장히 추웠다.

45일째: 2월 2일

며칠 전부터 젖이 아프다 씨발…… 존나 어이가 없다. 그리고 잘 때 땀이 존나 나고, 그러다가 땀이 마르면서 추워서 깨고, 추워서 따뜻해지려고 전기장판 켜면 또 더워서 또 땀 나고 무한 반복. 좆같다.

호르몬 대체요법과 별개로 20년 가까이 24시간 365일 지속되는 정신 질환 증상

환각: 환시가 가장 만성적으로 시야에 들어오는 모든 화상의 색과 형태가 상시 끊임없이 일그러지고 변형되며 지직거린다. 간혹은 존재하지 않는 얼굴들을 볼 때도 존재. 환청은 종종 알아들을 수 없는 웅얼거리는 목소리들의 형태로 나타난다. 환후는 특정 기간 동안 사라지지 않는, 분명히 내가 알고 있지만 무엇인지 알 수 없고 현실에도 존재하지 않는 냄새를 계속해서 맡게 되는 방식으로 발생한다. 환촉은 경험 없음. 이 환각을 치료하기 위한 처방의 항정신병약 종류가 지금까지 수없이 바뀌어 왔다. 그러나 그중 어떤 것도 소용이 없었다. 그나마 다행인 것은 증상을 너무 오랜 시간 만성적으로 겪다 보니 어느 정도 이 증상과 공생하는 방법을 자

연적으로 터득하게 되었다는 것이다.

강박증: 특정 행위를 특정 횟수 반복하는 강박증. 여기서 행위의 범위와 횟수의 범위가 너무 넓어 꽤 불편과 곤란을 야기한다. 펜을 들었다 놨다 하는 것부터 숨을 쉬며 눈을 깜박이고 침을 삼키거나 시야를 책장에 고정시키는 횟수, 심지어는 생각이나 단어를 떠올리는 횟수까지 센다. 횟수의 종류 또한 상당히 다양하며 계속해서 변한다. 가끔은 여러 횟수끼리 얽혀 서로 곱셈되거나 제곱되기까지 한다. (내가 수학을 더럽게 못한다는 사실까지 더해져 정말 코미디가 따로 없다.)

편집증: 편집증의 가장 무서운 점은 자기가 가지고 있는 생각이 허황된 망상이라는 사실을 스스로는 전혀 모른다는 것이다. 나는 내 생각이 망상일 수도 있다는 사실 자체는 알지만 정확히 어디서부터 어디까지가 망상인지는 모르기 때문에 항상 경계하고 조심해야 한다. (당연히 잘 못한다. 정확히는 경계한다고 또 딱히 알 수 있는 것도 아닐 거라는 생각 때문에(경계하는 나는 망상하고 있지 않다고 누가 장담할 수 있는가?) 거의 손 놓고 있는 것에 가깝다.)

해리: 현재 처해 있는 상황에서 의식이 분리되거나 기억이 입력되지 않는다. 이미 기억한 것을

추후에 잊어버리는 것이 아니라 내가 하고 있었던 행동조차 아예 기억으로 형성되지가 않는다. 이 또한 상시 어느 정도는 의식이 분리되어 있는 상태나 마찬가지이지만 (생각이라는 것 자체를 하려면 생각을 한 뒤에 그것을 되짚어 봐야 한다. 더 쉽게 말하면 항상 생각이 잘 안 난다. '내가 뭔 생각하고 있었지?', '내가 무슨 생각을 하려고 하고 있었지?'는 내 머릿속에서 캐치프레이즈나 다름없다.) 더 심해질 때가 있는 것이다. 흔히 말하는 머리가 하얘지는 상태, 혹은 바깥에서 관찰하는 듯한 느낌, 또는 몸을 움직일 수 없게 된다든지.

그리고 매일 같은 시기의 악몽을 꾼다.

71일째: 2월 28일

평소에 기분이 나쁘지가 않다. 그리고 몸에 그 좆같은 감각도 요즘은 덜해진 건지 익숙해진 건지 암튼 좀 덜 느껴진다. 그렇다고 아예 안 느껴지는 건 아니고 느껴지긴 하는데 그게 어느 정도는 덜하다.

젖이 아프더니 가슴이 나오기 시작했다. 신기하죠? ㅎㅎ

그리고 피부에 기름기가 존나 없어졌다. 개신기함. 머리도 훨씬 덜 기름져졌고 몸에 털도 많이 없어짐 ㅇㅇ 그냥 피부랑 몸이 다 부드러워졌다. 아무튼 전반적으로 참 좋은 듯. 그전까지 존나 손해 보고 살았단 생각 씀

하지만 요즘 잠을 많이 잔다. 이건 나흘 전까지 한 달 동안 하루도 안 쉬고 글 써서 그런 걸 수

도 있다.

하지만 그래도 너무 졸리다.

하루에 세 번은 자는 듯.

그러니까 정오에 일어나는 걸 기준으로 일어나자마자 밥 먹고 다시 잠.

그러고 일어나면 한 오후 네 시에서 다섯 시 정도 됨.

그리고 저녁 일곱 시 여덟 시 정도까지 활동함.

그리고 밥 먹음.

다시 잠.

한 밤 열 시 열한 시쯤 깸. 사실 그전까지 계속 몽롱하고 졸리고 이때가 진짜로 일어난 거.

이러고서 새벽 다섯 시 여섯 시까지 활동함. 이게 진짜 활동.

그러고 다시 잠.

반복.

그러니까 하루에 총 세 번 자는 거. 밥 두 번 먹고.

이게 망한 생활 패턴인 건 알지만 어쩔 수 없다. 지금 몸이 원하고 있다. 근데 이게 호르몬 때문인지 글 쓸 때 패턴이 망한 건지 그걸 모르겠다. 예후를 봐야 알 것 같다 귀추가 주목된다 등등.

139일째: 5월 7일

별로 여기 쓰고 싶지 않은 게 있다. 나쁜 건 아닌데, 원래 없던 것도 아니고. 본인은 보면 알 거임 뭔 얘기 하는지.

그리고 잘 때 가슴에서 땀이 너무 많이 난다. 셔츠만이 아니라 이불까지 싹 다 푹 젖는다. 그리고 이렇게 땀에 젖으니까 땀이 마르면서 또 추워서 깬다. 진짜 어이없음. 심지어 중간에 깼을 때 셔츠 벗고 자면 이불이 두 배로 젖는다.

또 혈액순환이 잘 안 되는지 다리 어깨 등등이 춥다. 특히 다리부터 골반까지는 좀 아리고 저리고 시리고 그렇다. 이건 뭐 어떡해야 하는지.

젖은 좀 나왔다. 옷 입었을 때 보일 정도는 아닌데, 옷 벗으면 보이고 손에도 잡힐 정도로.

174일째: 6월 11일

호르몬 때문에 우울한 건지 실질적인 이유 때문에 우울한 건지 모르겠는데, 우선 가슴이 커지다 만 거 같아서 우울하다. 특히 흉통이 존나 넓다 보니까 가슴이 커져도 티가 잘 안 나는 게 존나 빡친다. 갈비뼈 잘라서 떼어 버리고 싶음. 그리고 이제 가슴에 통증이 별로 없는 게 더 이상 안 자란단 뜻인가 싶어서 불안하기도 하다. 원래 호르몬 맞기 전엔 가슴에 별생각 없었는데 정작 한번 생기고 보니까 이왕 생긴 거 좀 컸으면 좋겠단 생각이 들어서. 존나 큰 것도 아니고 그냥 평범한 수준만 돼도 좋을 거 같은데 지금은 뭔가 너무 얇고 얄팍함 씨발…… 빡침 존나 억울하고.

체모는 그래도 많이 줄어들어서 다행이다. 레

이저 제모도 효과 훨씬 좋아졌고.

여름이라 땀이 많이 나는 건지 호르몬 때문에 땀이 많이 나는 건진 모르겠다. 아무튼 땀이 존나 많이 난다.

상시 피곤한 것도 원래 그랬던 건지 호르몬 때문에 그런 건지 모르겠고. 아마 둘 다일 수도.

지금 우울해도 예전처럼 자살하고 싶을 방향으로 우울한 건 아니고, 그냥 울적하고 서러운 정도. 몇 번 울기도 했다. 원래 잘 안 우는데 근데 가슴 때문에 울었다고 하면 진짜 쪽팔리다 씨발. 아니 왜 살을 빼는데 뱃살은 안 빠지고 가슴살만 줄어드는 거 같냐고 진짜 존나 빡친다고.

트젠과 선택

저번에 누군가 자기가 사귀던 사람이 여친이었는데 ftm으로 트랜지션했다며 자신이 갑자기 레즈비언에서 바이섹슈얼이 되었다고 우스갯소리로 말하는 것을 보았다. 나는 그것이 정말 시스젠더스러운 발상이라고 생각했다. 더군다나 그것이 진지한 고민도 아니고 어디까지나 농에 불과하다는 점에서. 애초에 트랜스젠더들은 섹슈얼리티가 전반적으로 유동적인 편이다. 뭐, 다른 트랜스젠더들까지 끌어들이기 전에 내 기준으로만 말하자면 정말로 그때그때 동성애자였다가 이성애자였다가 양성애자였다가 한다. 특히 내 경우에는 젠더는 전혀 유동적이지가 않은데 섹슈얼리티는 항상 플루이드한 편이다. 물론 이제 와서는 이것도 기만이라는 것을 알지만. 어쨌든 그렇게 유동적이라는 것은 결국 '어쩔 수 없이' 상황에 맞추는 것에 불과했고 그저 가능한 주어진 (얼마 없는) 선택지 중에서 고른 것이었으며 그것이 정말 내가 원하는 것이었다고 말할 수 있는가에 대해선 답하기 어렵기 때문이다. 사실은 이것마저도 기만이라는 것을 안다. 답하기 어려운 것이 아니라 내가 원하는 것이 불가능한 것을 아니까 애초에 가능한 것만을 '원할 수 있는' 것으로, 내가 진정 원하는 것은 '원할 수 없는' 것으로 나눠 후자는 애초에 고려 대상에서 치워 버리는 것이다. 그러니까 내가 고른 것들은 그저 '원할 수 있는' 것들이었을 뿐 진정으로 내가 원한 것은 일절 아니었다. 물론 이것은 섹스에 관한 것만도 아니다. 트랜스젠더에겐 거의 항상 가능한 모든 것들이 이렇다. 신체적으로 가능한 것과 원하는 것이 항상 다르고(트랜스젠더가 정확히 무엇이냐에 대한 많은 논의들이 있지만 어떻게 보면 이것이 가장 근본적인 기준 아닐까?) 원하는 것의 신체적 불가능에 의거해 그것을 원한다는 사실 자체를 배제해 버리고 오로지 항상 가능한 것들 사이에서만 선택하고 마는 것. 왜냐하면 자신이 원하는 것이 불가능하다는 것을, 자신이 불가능한 것을 원한다는 것을 계속해서 인지하고 상기하는 것, 그리고 애초에 원치도 않았던 가능한 것들을 어쩔 수 없이 자신이 원한다고 스스로에게 거짓말하고 선택하는 과정을 눈 돌림 없이 똑바로 마주하는 것, 이것들만큼 고통스럽고 비참한 것이 세상에 그리 많지는 않기 때문이다. 그리고 섹스에 관해서 말하자면 트랜스젠더로서 '내'가 원하는 것은 (애초에 불가능하기 때문에) 언제나 항상 별로 중요하지가 않다. 그저 (가능한) 상대방의 제안, 요구, 아무튼 상대방이 원하는 것에 그때그때 맞출 뿐이며 오직 그것만이 고려 사항이 될 뿐이다. (물론 또 말하지만 지금까지 말한 모든 것들은 오로지 트랜스젠더로서 내 경험에 기반한 거고 다른 트랜스젠더들은 어디 가서 자기가 원하는 것 잘 말하고 다닐 수도 있으며 애초에 가능한 것을 처음부터 정말 원할 수도 있다. 다만 내가 어디까지나 개인적인 경험에 의거하여 느끼기에 '트랜스젠더성'은 그렇게 하지 못하는 데에 거주하는 듯할 뿐이다.)

253일째: 8월 29일

걱정했던 것보다 가슴은 그래도 계속 커지고 있다. 그럼에도 가장 좆같은 부분은 흉통과 어깨 허리 등등 상체 전체의 비율과 가슴이 특히나 옷 입었을 때 썩 맞지 않다는 것이다. 옷을 벗었을 때는 오히려 그나마 그렇게까지 이상해 보이지는 않는다. 그리고 옷도 우선은 티셔츠 한정으로 이상해 보이는 거라 이 문제에 관해서는 기분이 오묘하다.

옷을 어떻게 하면 잘 입을지…… 그딴 걸 이 나이 처먹고 고민해야 되나 싶고. (물론 아무리 세상에 늦은 것은 없다만은…… 나는 이뿐만 아니라 여러모로 좀 늦는 편이지 사람 자체가)

호르몬 작용을 저해한다는 소리를 어디서 들어서 금연한 지가 한 달에서 두 달 사이 정도 되는데 중간에 의사한테 가서 물어보니까 딱히 그렇게 직접적으로는 별 상관없다고 하지만 그래도 뭔가 좀 찝찝하고 신경 쓰여 매일 피우지는 않는 중이다. 나갈 때만 피우는데, 금연 초에는 사람들한테 아무렇지도 않다고 뻥쳤지만 사실 혈관에 피가 도는 게 아니라 무슨 가시로 이루어진 액체가 도는 느낌이었다. 그래도 중간에 금연을 관두지는 않았었으니.

이뿐만 아니라 별로 여기 쓰고 싶지 않다고 한 거 관해서,

호르몬을 맞는다는 것은 참으로 몸 안의 신경계 전체가 계속 이동하고 재조합되는 느낌이다. 뭔가…… 그런 변화들이 끊임없이 일어나면서 생겨나는 어떤 유지, 감소, 증가, 또 이것들에 내가 어떻게 반응해야 하는지 등등에 관한 많은 고민들이 있음. 어쨌든 그런 고민들이 향하는 곳은 항상, 내가 지금까지 나 자신에게 거짓말해 왔던 것들에 대해서 더 이상 거짓말하지 않게 되는 지점이다. 그것이 욕구든 욕망이든 판타지든 성향이든 페티시든 충동이든 기호든 환상이든 뭐든 간에 내가 원하고 바라고 하고 싶고 되고 싶은 것이 내 몸 가장 깊은 곳으로부터 그 어떤 것보다도 가장 강렬하게 올라

오고 느껴지는 것이라 이런 것에 대해서는 어떻게 거짓말이라는 거를 할 수 자체가 없다.

솔직해지는 것에 대해 얘기하자면 나는 지금 내가 솔직해지는 것이 좋고 더 솔직해지고 싶고 솔직해질 것이 더 없나 끊임없이 뒤지고 싶다. 그래서 내가 더 솔직해질 것이 영원히 무한하게 나왔으면 좋겠다. 근데 찾는 것에 비해서는 외적 자원은 이 분야에 대해 참으로 부족하긴 하지만…… 그래서 요즘 좀 척박하고 가난한 느낌……

아무튼……

그래도 피부랑 살결은 굉장히 야들야들하고 부드러워졌다.

거기다가 몸에 근육이 줄어들어서 힘없어진 거 체감할 때 참 어이가 없다. 무거운 거 못 들 때…… 이게 뭐냐…… 싶다. 웃겨서.

그리고 또 호르몬을 하고 나서 느낀 거는 그전까지 나는 정말 메마른 땅이었고 지금은 그나마 적당히 비가 오는……

바깥 활동에서의 고충

셔츠에 가슴이 계속 쓸려서 자꾸 아플 정도로 민감해졌고 중간중간 유즙마저 나와서 곤란했다.(브라 사기 전) 집에서는 그나마 견디고 상의를 안 입는 방식 등으로 대처해 볼 만한데…… 몸의 온도 조절 또한 밖에서는 옷을 계속 입고 있어야 하니까 대처할 방법이 없는데도 계속 더웠다 추웠다 하는 거는 집 안에서나 밖에서나 매한가지라서 (같은 몸을 그저 밖에 가지고 나가는 거에 불과하므로 생각해 보면 당연……) 계속 식은땀 흘리고 닦아야 되는 게 내 입장에서 고통스럽기도 하고 사람들한테 계속 그런 상태를 보이고 다녀야 하는 것도 쪽팔리고. 그리고 저녁 시간이 지나면 호르몬 농도가 뚝 떨어져서 (아침에 한 번, 저녁에 한 번, 하루에 약을 두 번 먹는 시기라) 몸 상태가 급격히 악화되고 활동 자체가 굉장히 힘들어졌다. 따라서 빨리 당장 약을 먹어야 하는데 먹지 못한 채 시간을 넘겨서까지 밖에 있을 시엔 더더욱 곤란했다. (호르몬 약을 들고 다니면서까지 먹긴 좀 그렇고)

이제 와서 호르몬을 맞으면서까지 미스젠더링을 당하는 일은 얼탱이 없게 느껴지고 지겹다. 더 이상 못 견디겠다. 새로운 사람을 만날 때마다 매번 나를 처음부터 설명해야 하는 일도 이젠 수치스럽고 역겹고 고통스럽다. 지치고 내 자신이 소비되는 느낌을 넘어 헤지고 허는 느낌이다.

257일째: 9월 2일

브라를 처음 입고 나갔다. 그런데 굉장히 편했다. 가슴과 어깨 전체를 잡아 주는 느낌이. 아마 남들이 불편하다고 하는 정확히 그 지점에서 내가 편하다고 하는 듯. 다른 옷도 무조건 딱 붙는 걸 입어야 편하니까. 뭔가 그런…… 압박에 대한 취향이 원래부터…… 아주 어린 시절부터…… (말하기 좀 그림)

아 그리고 담배를 오늘 밤에 나가서 피우고 나서 알게 된 게 호르몬의 직접적인 작용이랑 연관이 있든 없든 담배를 피우면 몸 전체의 어떤 신경 조합 배치 균형 리듬 등등 이런 게 확실히 아주 깊숙한 부분에서부터 변하는 게 느껴져서 웬만하면 되도록 안 피우는 게 좋을 듯 (왜냐면 이게 변하는 방향이 어쨌든 내가 원하는 방향은 아님)

폭력과 훈장

누군가가 겪은 어떤 끔찍한 일에 대한 이야기를 들었을 때 웃음으로 반응하는 것. 이때 뭐가 웃긴지 물어본다면 사실 그 웃음의 끝엔 거지 같다는 꼬랑지가 생략되어 있는 것이라고 대답할 것이다. 하지만 그럼에도 아직 그 앞에 웃음이 남아 있다는 것은 결국 웃기지 않는다는 얘기는 아닌 것이다. 여기서의 웃음은 기본적으로 나도 안다는 공감의 웃음이다. 다시 말해 아는 척하고 싶단 얘기기도 한 것이다. 그렇지 않다면 속으로 웃으면 될 걸 왜 소리 내서 더 거지 같게 웃는단 말인가? 물론 이렇게 쓰면 어떠한 경험에 대해 아는 척하는 게 되게 거지 같은 행위인 것처럼 보이겠지만, 혹은 이렇게 안 써도 그냥 거지 같은 행위인 것처럼 보이겠지만, 사실 누군가가 겪은 어떤 끔찍한 일에 대해 아는 척하는 것과(물론 진짜 알아서 아는 척하는 경우의 이야기다. 눈꼽만큼도 모르는데 그냥 동정과 연민에 의해 공감해 주는 척(그것은 절대로 무슨 일이 있어도 불가능함에도 불구하고!)하는 것과는 전혀 다르다.) 그 누군가가 자신이 겪은 거지 같은 일을 자기 입으로 말하는 것 사이에 그렇게까지 커다란 차이가 존재하는지는 잘 모르겠다. 애초에 둘 모두 결국 자기 경험에 대한 아는 척 아닌가? 그러니까 근본적으로는 둘 다 자신이 겪은 일을 자기 입 밖으로 꺼내고 외부로 드러내고 그 시간과 사건과 역사를 증명하고 싶은 것일진대, 다만 전자는 그냥 말하는 것이고 후자는 전자가 말한 경험에 기대어, 혹은 보태어 말하는 것일 뿐이다. 내가 보기에 중요한 것은 그저 후자의 경우에 전자가 말하는 동안 중간에 말만 안 끊으면 될 것 같다.

그보다 애초에 왜 그렇게 거지 같은 일을 알고 공감하는데 그거에 대한 반응이 웃는 것인가?

1. 쿨해 보이고 싶은 것일 수도 있다. 아니, 정말로. 그런 끔찍한 일에 대해 웃음으로 반응하는 것이 쿨해 보인다고 생각하는 것일 수도 있고 어쩌면 그런 끔찍한 일을 자신도 겪었다는 것 자체가

쿨해 보인다고 생각하는 것일 수도 있다…… 그러
니까 내 흉터와 기억과 경험들은 내가 그것들을 보
이고 또 그러면서 그것들을 웃어넘기고 하는 이 과
정 속에서, 혹은 그러지 않아도 그것들 자체만으로
도 꽤나 멋진 훈장들이 되는 것이다. (개인적으로 나
는 내 몸에 산재한 흉터들이 꽤나 미감적으로 정말 괜찮
다고 생각한다. 이것들이 없으면 내 몸은 굉장히 허전할
것이며 나는 문신에 돈을 더 많이 썼을 것이다.)

　　우리가 불행 배틀이라는 말을 보통 비꼬듯이
사용하지만 불행에는 꽤나 멋진 지점들이 있다! 그
러니까 말하자면, 어떠한 불행을 겪은 사람에게는
자신이 경험하고 견딘 것들에 대한 자긍심 같은 게
있다. 내가 당한 것들이 가치 있어서가 아니라, '이
수준'까지 당했다, 그러니까 사건의 강도와 극한성
에 대한 질적 스턴트, 묘기, 일종의 차력쇼이다. 그
리고 항상 누군가 '그런 건 다 겪는다', '나도 ○○,
○○을 겪었는데', 혹은 '너는 ○○과 같은 것은 겪
지 못했지 않느냐'라고 말하면 나는 그것들을 초과
하는 ○○을 꺼내거나 꺼내고자 노력하고 싶어하
게 되는 일종의 용심 같은 것이 내 안에서 솟아오
르는 것을 느끼게 되기 마련인데, 사실 이것은 썩
좋지 않은 싸움이다. 여기서부터는 공감의 영역이

아니라 자신의 불행-훈장으로 상대방의 불행-훈장을 찍어누르고자 하는 의도가 작용하고 있는 것이므로(이것이 차력쇼, 배틀의 본질 아닌가) 어느 한 쪽은 반드시 추해지게 되고(보통 먼저 자신의 불행을 꺼내어 공유하고자 한 사람보다는 거기다 대고 시비를 걸며 배틀을 시작하고자 한 쪽이 추해진다.) 심지어는 양쪽 모두가 그저 추해지기만 하는 경우도 있어 여기선 정말 아무도 이득 보는 사람도 이기는 사람도 없게 될 가능성이 있다. 그런데 불행을 먼저 꺼내고 싶어 했던 사람에게도 그래서 너는 그거를 자랑을 하고 싶었던 게 아니냐고 물으면 이쪽도 처음부터 자랑을 하고 싶어했던 것도 맞는 것 같다. 정말로 그저 자신이 겪은 어떠한 일의 극단성과 기상천외함만 가지고 신나가지고 여기저기 온 사방을 돌아다니며 자랑하고 싶어하는 초등학생 같은 마인드다. (물론 여기서 극단성과 기상천외함은 끔찍함과 거지 같음, 폭력성과 잔혹성, 그리고 역겨움 등의 극단성과 기상천외함이다. 사실 애초에 괄호를 열 필요도 없이 초등학생들도 이 점은 마찬가지일지도 모르겠다.) 그렇다면 애초부터 다른 사람 앞에서 자신이 겪은 끔찍한 일에 대해 얘기하고자 하는 것은 별로 그렇게 아름다운 일은 아닐지도 모른다. 설령 그것에 자신의 취약함을 드러내고 가장 깊은 환부를 공유하여 상대방과 연결되고 닿고자 하는 의도가 담겨 있다 하더라도 어쨌든 자신이 당한 폭력의 훈장을 자랑하고자 하는, 사실 그렇게 '멋지지 않고' '쿨하지 않은' 속내 또한 숨어 있지 않다고 할 수는 없기 때문이다. 그런데 중요한 것은, 훈장으로라도 쓰지 않으면 이딴 것들을 어따 쓴단 말인가?

2. 그러한 말 같지도 않은 일들을 겪었다는 데에는 사실 웃긴 지점이 있다. 아니 애초에 말 같지도 않은 일이다. 말 같지도 않은 일이 실제로 벌어진 것이다. 이게 어떻게 웃기지 않겠는가? 말 같지도 않은 일인데?

맨날 똑같은 레퍼토리…… 나도 지겹다! (사실 지겹지 않다. 단지 남들이 지겨워할까 봐 걱정되고 눈치 보일 뿐이다. 거짓말하지 말자.) 그러니까 맨날 내가 내 흉터들이나 내가 겪은 그나마(그나마라는 것은 이렇게 말하는 순간에도 항상 그렇게까지 자신이 있지는 않단 얘기이다. 언제나 누군가가 그렇게까지 희한하고 끔찍한 일이 아니라고 응답할까 봐, 혹은 겉으로는 그렇게 반응하지 않지만 속으로는 그렇게 생각할까 봐 불안하다.) 말할 수 있는 희한하고 끔찍한 일들에 대해 무슨 자랑하듯이 말하는 것은 뭐 한두 번 듣는 사람이야 처음에는 신선하게 느낄 수도 있겠지만 여러 번 듣는다면 당연히 지겹고 재미없을 수밖에 없지 않냐 하는 것이다.

사실 아는 척하기도 싫은 경험들이 있다! 나는 내가 그런 경험들은 겪지 않았기를 바란다!

이러한 경험들에 대해서는 내가 더럽혀졌다고 느끼고…… 이러한 경험들에 대해서는 결코 직접적으로는 평생 말하지 않을지도 모른다. 내 가장 끔찍한 경험들에 관해서 나는 항상 은유적으로 암시적으로 우회적으로 모호하게 그 주위를 빙빙 도는 방식으로만 서성거릴지도 모르겠다. 최소한 남들 앞에서는 말이다.

나는 그 모든 일들이 없었기를 바라지만 그 일들은 그럼에도 어디까지나 있었고, 그렇기에 그것들을 말하지 못한다면…… 사실 '말하지 못하면 뭐?' 싶고 또 그에 대한 대답으로는

1. 밖으로 꺼내지 않는다면 있었던 것이라고 증명하지 못해서, 즉 나에게만 있었던 사실이라는 것이 너무나도 고통스러워 견딜 수가 없어서.

2. 그렇기에 밖으로 꺼내서 가능한 최대한 고통을 덜어 내고 싶어서.

3. 그리고 그러한 일을 겪었음에도 불구하고

나라는 사람의 존재는 괜찮다고 받아들여지고 싶
어서. (여기서 또 두 갈래로 나뉜다.) 그러한 일을 겪
은 내가 더러운 것은 아니다, 혹은 그러한 일을 겪
어서 내가 더러워졌어도 괜찮다.

그래서 정답이 이 중 어느 것인지는 모르겠고
어쩌면 이것들 전부일 수도 있겠다.

게임제너레이션
게임비평공모전 시상식

브라를 밖에 입고 나간 지 겨우 두 번째인데 이렇게 사람이 많고 큰 자리는 처음이다. 심지어 시상식 장소는 집에서 거리가 제법 멀었다. 그런데 정말 놀라우리만치 아무렇지 않았고 입고 있다는 사실을 의식조차 하지 못했다. 물론 다른 사람들도 의식 안 했을지는 전혀 모르겠다. 어차피 다른 사람들에게 어떻게 보이는지는 이날만이 아니라 항상 불가사의의 영역이다.

　뒤풀이에서 다른 수상자들 그리고 주최 측과 대화를 나눌 수 있었는데, 나처럼 게임에 관심이 많고 게임을 많이 하고 게임에 관해 글을 쓰고자 하는 다른 사람들이 있다는 건 꽤나 위안이 되었다.

그런데 집에 돌아와서 전체적인 옷차림의 사진을 찍어 보니 별로여서 기분이 안 좋아졌다.

265일째: 9월 10일

변성기 때의 기억이 떠올랐다. 나는 어렸을 적, 그러니까 변성기 이전의 목소리가 굉장히 높았고 그 높은 목소리를 스스로 좋아했다. 그리고 여성 보컬 노래, 여자 음정 노래를 부르는 것을 좋아했다. 그래서 변성기 시절, 다른 무엇보다도 여자 파트 노래 를 부르는 것이 점점 힘들어지고 부담과 무리가 느껴졌을 때가 가장 당황스럽고 불안했으며 고통스러웠다. 당장 목소리가 쉬고 잘 안 나오고 이런 것들보다도 내가 여자 노래를 못 부르게 되면 어떡하지에 대한 고민이. (그리고 그 고민은……) 그렇다고 낮은 목소리에 대한 혐오가 있었다기보단 높은 목소리를 못 내게 되는 게 힘들었던 것 같다. 오히려 지금은 최종 소급적으로 내 현재 목소리를 싫어하게 되었지만 그 당시에는 당장 나오는 목소리에 대해 그렇게까지 생각이 있지는 않았다. 심지어 목소리 때문에 폭력의 대상이 되었음에도 불구하고 (이게 말이 되는가? 아니 상상은 가는가? 목소리가 낮다고 놀림과 따돌림을 당한다는 게? 나도 잘 믿기지도 않고 납득도 안 되고 전혀 이해도 안 되지만 그것은 실제로 6년간 단 한 차례도 끊이지 않고 일어난 일이었다.) 스스로의 목소리를 혐오하지는 않았다. (다만 모두에 의한 체계적이고 지속적인 경멸과 무시와 모욕과 조롱으로 인한 분노와 수치심, 역겨움)

그러니까 변성기 시기의 공포와 고통은 불가능에 대한 것이었다. 지금은 너무 많은 찌꺼기들이 덕지덕지 들러붙은 이 주제에 대해 최대한 생각하지 않기로 억압하고 있는 것 같다. 보이스 트레이닝에 대한 것도 마찬가지다. 나라고 지금 목소리를 이렇게 내고 싶겠는가? 차라리 아무 목소리도 내고 싶지 않다. 하지만 이것에 대해 내가 할 수 있는 것은 아무것도 없(다고 치부하고 생각하기를 정리해 버렸)으므로 뭐……

266일째: 9월 11일

그리고 난 항상 머리가 길고 싶어했다! 난 평생 단
한 번도 머리가 짧고 싶었던 적이 없었다!

267일째: 9월 12일

그래서 내가 시스젠더 여성들을 부러워하는가? 그
들의 몸을 보면 예쁘다는 생각은 하지만 또 동시에
어느 정도는 재미없다는 생각을 하기도 한다. 나는
내 몸 안에서 내가 원하는 (젠더적) 형태를 갖추고
싶다는 생각을 하지 다른 사람과 몸을 바꾸고 싶다
는 느낌을 받지는 않는다. 물론 내가 지향하는 모
습 중에 어떤 것들은 현재의 내 몸에서는 도달할
수 없는 지점에 위치하기도 하지만, 그렇다면 그것
들에 대해서는 그 요소들만을 부러워할 뿐이지 그
요소 외의 신체 전체까지를 시기하지는 않는 것 같
다. 그건 어쨌든 내 몸은 아니니까. 남의 몸이 부럽
지는 않다. 나는 '내 몸'을 내가 원하는 형태로 만들
고 빚어내며 변형시키고 싶을 뿐이다. 남의 몸에는

애초에 그렇게까지 관심이 있지를 않다……

하지만 시스젠더 남성들의 몸을 볼 때면 오히려 훨씬 더 큰 사고와 인상이 나를 찌르는 것 같다. 그것들에서 더욱 완전히 멀어지고 싶다는, 그것들과 가까워지고 싶지 않다는, 그것들처럼 보일까 봐 두렵고 끔찍하고 역겹고 혐오스럽다는 느낌, 감각. 그들같이 보이고 그들의 무리, 집단으로 같이 묶일까 봐, 그들과 같은 족속으로 취급당할까 봐 불안과 걱정, 공포를 느낀다.

뭐 어쨌든 신체적으로뿐만 아니라 경험적으로도(애초에 둘이 떼려야 뗄 수 있는 개념인가 싶긴 하지만……) 시스젠더를 부럽다고 생각하는 것 같지는 않다. 트랜스젠더로서 겪은, 시스젠더였다면 겪지 않았을 어떤 경험들은 정말 그냥 내가 시스젠더여서 처음부터 안 겪을 수 있었다면 좋겠다고 생각을 하지만 또 동시에 트랜스젠더로서 어떤 경험들은 시스젠더로서는 결코 경험할 수도 이해할 수도 상상할 수도 없는 종류의 것들이기 때문에 굉장히 고유한 자원이기도 하다. 거기다가 시스젠더로서 경험할 수 있는 모든 종류의 것들은 트랜스젠더도 전부 경험할 수 있다. 그것은 어렵지만 가능은 하다. 설령 비록 어느 정도는 변주된 형태로라도 말이다.

그러나 트랜스젠더로서의, 트랜스젠더만이 겪을 수 있는 어떤 고유한 경험들은 시스젠더들에게는 전혀 가늠조차 불가능하다.

268일째: 9월 13일

걱정스럽다. 호르몬이 듣다가 마는 것이 아닌지? 하는 걱정, 왜 몸이 변하다가 마는 것 같지?에 대한 걱정을 지금 벌써 몇 달째 하고 있는데, 일지 보니까 한 3개월 된 거 같다. 담배 끊어야겠다 생각한 순간부터 지금까지 아마 계속 이런 걱정 속에 시달리고 있는 거 같다. 진짜인지 편집증인지도 잘 모르겠고(그야 원래 편집증이 있으니 판단 불가. 그리고 다른 트젠들 하는 소리 보면 다 똑같은 생각 하긴 하는 듯. 그럼 뭐 어쩌겠습니까…… 얘네들 다 남이 보면 멀쩡한데 지 눈에만 찢어발기고 싶게 생긴 건데. (물론 안 그렇고 객관적으로 좀 심각한 사람들도 있음. 때문에 항상 내가 그 객관적으로 좀 심각한 경우가 아닐지 걱정과 우려, 두려움에 잠겨 살게 되는 것이다.))

그리고 뭔가 상태가…… 일 때문인지 학교 때문인지 호르몬(에 익숙해져서?) 때문인지 아니면 외로움? 심심함? 암튼 뭐 때문인지 모르겠는데 좀 별로 안 좋은 듯하다…… 우울하고…… 무기력하고…… 힘이 없다고 해야 되나 의지가 없다고 해야 되나 무언가를 하고 싶은 마음이…… 집중도 잘 안 되고…… 무언가를 하고 싶긴 한데 그게 잘 안 되는…… 마음이 잘…… 산만? 산란? 황망…… 허탈? 허무? 허공을 방황하는 느낌……

재밌는 변화가 있었으면? (잘 모르겠음 확신 없음)

터프보다 비참한 것,
트랜스의료주의

요새 트위터에서 활동하는 트랜스젠더들의 프로필을 들어가면 개중에는 트랜스메디컬리스트(trans-medicalist), 트랜스섹슈얼(transexual) 등이 적혀 있는 경우가 존재한다. 그들이 주장하는 것은 자신들이 트랜스'젠더'가 아니라 트랜스'섹슈얼'이며, 터프(TERF, trans-exclusive radical feminist)들이 으레 주장하는 바와 같이 젠더라는 것은 존재하지 않고 자신들은 섹스를 바꿨다는(트랜스했다는), 혹은 바꾸고자 한다는(트랜스하고자 한다는) 것이다. 또 이들 중 많은 이들은 자신을 터프가 아니라 TIRF(trans-inclusive radical feminist)라고 소개하기도 하고, 맑시즘 등의 유물론을 표방하기도 하며 어쨌든 여러모로 생물학적 본질주의에 동조하고자 하는 동시에 또 자기 자신의 존재 또한 본질주의적으로 설명하고자 하는 욕망을 가진 것으로 보인다.

뭐, 어쨌든 알겠다. 우선 젠더와 섹스 사이의 역학 관계에 관해서 깊게 파고들 생각은 추호도 없다. 그보다는 저들이 스스로를 트랜스의료주의자로 이름 붙이고자 하는 욕망이 과연 어디에서 기원하는지, 그리고 또 그 욕망의 방향성과 지향성은 얼마나 반(反)퀴어적이고 정상 사회에 영합하고자 하는 것인지에 대해 알아보고자 한다.

1. 우선 근본적으로 트랜스여성이든 트랜스남성이든 래디컬 페미니스트가 되고 싶어하는 욕망을 가질 수 있다. 트랜스여성인 경우에는 본인이 여성이기 때문에(혹은 '진짜 여성'이라면 응당 그래야 하기 때문? ㅋㅋ) 트랜스남성인 경우에는 본인이 지정 성별 여성으로서의 경험을 가지고 있기 때문에, 누구든지 어쨌든 가부장제하의 여성 억압에 대해서 가장 급진적으로 비판하고 분개하고 싶어 할 수 있다. 사실은 나도 스스로는 본인을 래디컬 페미니스트라고 생각하고 있고, 또 관련 활동도 오래 해 왔다. 단지 생물학적 본질주의가 그렇게 래디컬하지도, 페미니즘적이지도 않다고 보기 때문에 현재 스스로를 래디컬 페미니스트라고 호명하는 여

러분들이 그닥 그렇게 보이지는 않아, 요즘 같은 정치 지형상에서는 본인이 페미니즘적으로 어떤 입장과 감각을 가지고 있는지 입 밖으로 잘 꺼내지 않을 뿐이다. 어쨌든 많은 트랜스젠더들이 스스로를 래디컬 페미니스트로 칭하고 싶어하는 욕망을 가진다는 것은 이해가 어렵지 않은 부분이며 어찌 보면 진정한 의미에서 가장 급진적인 페미니즘은 트랜스젠더들의 손에 의해서만 가능할 것이라 생각되기도 한다. 그러나 문제는 우리의 이 래디컬 워너비 트랜스젠더들이 스스로 래디컬 페미니즘을 만들어 가는 것이 아니라 현재 정치 지형상에서 가장 보편적으로 주장되고 있는 래디컬 페미니즘의 입장을 그저 그대로 따라가고자 한다는 것이다. 이미 '자칭' 래디컬 페미니스트들이 입을 모아 가장 큰 소리로 말하고 있는 생물학적 본질주의가, 가부장제에 대한 비판보다도 더욱 큰 소리로 말해지고 있는 바로 그 생물학적 본질주의가, '어라? 래디컬 페미니스트들이 이렇게까지 크게 말한다니. 아하! 저것은 래디컬 페미니즘의 가장 본질적이고 중요한 조건임에 분명하군!'과 같은 식으로 몇몇 트랜스젠더들에게 받아들여지고 있는 것이다. 또 말하지만 여기서 이 생물학적 본질주의가 얼마나 '본질'

적으로는 여성 억압과 가부장제를 더더욱, 가장 강한 방식으로 공고히 하며 또 이미 충분히 오랜 기간 동안 공고히 해 온 것인데 그것을 갑자기 새롭고 비판적인 것으로 생각하는 것이 그 얼마나 멍청한 것이며 근본적으로는 가부장제와 남성들과 특히 종교인들에게 얼마나 사랑받을 개념인지에 대해서는 자세히 설명하지 않겠다. 그저, 우선 이러한 과정에 의해 어떤 트랜스젠더들은 '자칭' 래디컬 페미니스트들의 생물학적 본질주의를 자신의 입장으로 받아들이고 또 그러한 관점을 도구로 스스로를 설명하고자 하는 욕망에 빠진다는 것이다.

2. 이미 의료적 트랜지션을 받았거나 받고 있는 트랜스젠더들이 자신은 그렇게 힘들게 힘들게 의료적 트랜지션을 받았거나 받고 있는데 다른 트랜스젠더들은 의료적 트랜지션을 받지 않겠다고 하니까 억울해하는 상황에서 트랜스의료주의자로 진화(퇴화?)하는 경우도 있다. 그 마음이 이해가 안 가는 것도 아니지만, 문제는, 누가 당신한테 의료적 트랜지션 받으라고 칼 들고 협박했는가?

멍청한 소리 하지 마라. (물론 억압 및 불행 싸움에서는 꽤나 효용이 있을 수 있다. 그러한 싸움이 항상 안 유효한 것도 아니고? 그것에는 나름의 웃음? 미학?(끔찍함과 추함의) 재미? 같은 것이 있을 수도 있지만? 그러나 그렇다고 해도 다른 이의 존재를 부정할 수는 없다.)

3. 이것은 현재 많은 래디컬 페미니스트들이 빠져 있는 문제이기도 한데, 어떻게 보면 트랜스의료주의자들은 래디컬 페미니스트들 이상으로 '정상인'으로 보이고 싶어 한다. 이 욕망 또한 막 그렇게까지 무턱대고 비판할 수만도 없을 수 있는 게, 당신이 우선 평생 동안 모두에게서 변태, 이상 성욕자, 정신병자, 괴물, 오물 취급을 받는다고 생각해 보라. 물론 저 멸칭들은 내가 원해서 내 의지를 통해 역으로 선취한다면 꼭 그렇게 나쁜 것만은 아니고 오히려 멋진 것들일 수도 있다. 그러나 문제는 지금 당신이 저러한 것들로 정의되는 것을 설령 원치 않는다 하더라도, 당신이 그것을 원하든 원치 않든 전혀 무관하게 그 어느 순간에도 저러한 취급들로부터 벗어나는 것이 절대 불가능하다는 것이다.

내가 레즈비언들이나 게이들이 정상 사회에 영합하고자 하는 것을 볼 때 존나 어이가 터지는 것은 그들은 '그렇게까지' 괴물 취급 받을 일은 '트랜스젠더에 비하면' 평생 존재하지 않는다는 것이다. 자신의 지향성을 드러내기 위해 가져야 할 조건과 자신의 정체성을 드러내기 위해 가져야 할 조건의 위상은 너무나도 다르다. (설령 지향성이 정체성과 완전히 구분될 수 없으며 언제나 그것의 일부라 하더라도 말이다.) 막말로 현재 정상 사회에 영합하고자 할 때에 필요한 조건을 각자 비교해 보자. 동성혼 법제화? 위장 결혼? 클로짓? 이 중에 자신의 몸에 약물을 투여하거나 칼을 대야 하는 것이 있는가? 트랜스젠더가 정상 사회의 기준으로 '패싱'되고 '스텔싱'할 수 있으려면 반드시 물질적인 의료 조치를 받아야만 한다. 그리고 설령 어떤 트랜스젠더가 만일 의료 조치 없이도 패싱 될 수 있다 하더라도 그런 문제보다 훨씬 이전에 성애의 자기표현이 갖는 특수성과 젠더의 자기표현이 갖는 일상성은 더더욱이나 비교하기 힘들다. 어떤 한 개인이 자신의 파트너와 맺거나 맺을 관계는 어디까지나 자기 삶의 '일부'(분리되지는 않는 것이라 해도)이며, 24시간 365일을 규정짓지는 않는다. 하지만 '나'는 그것이 나의 몸이든 나의 이미지든 단 한순간도 나의 생활 속에서 부재하는 일이 없다. (기절해 있는 동안이라도 아니면 말이다.) 막말로 당신이 집에서 혼자 빨래하거나 설거지하는 동안 그 행위에, 당신이 당신의 파트너로 가정되는 이와 관계 맺는 방식이 영향을 끼치는가? 정말 슬프게도, 트랜스젠더들은 그러는 동안에마저 자신의 몸과 젠더에 영향을 받는다…… 아무래도 터프와 극우, 그리고 그들의 일부이자 그들에 찬동하는 일부 '성소수자'(그들을 퀴어라고 할 수는 없을 것이다. 우선 본인들이 스스로를 그렇게 칭하지 않으며 퀴어를 멸칭으로 사용한다 ㅋㅋ)들이 손을 잡고 입을 모아 LGBT에서 T를 빼내고 LGB만을 유효한 범주로 인정해야 한다고 아주 눈에 핏대를 세우고 강력하게 주장하는 상황 자체가 이러한 차이에 의해 만들어지지 않았겠는가? 말했듯이 근본적인 차원에선 지향성이 사실 정체성과 완전히 구분될 수 없고 저런 분리 전략 자체가 굉장히 무의미하다는 것이 아주아주 분명하지만 (이것은 트랜스 진영에서도 마찬가지다.) 그럼에도 불구하고 LGB는 어쨌든 T에 비해 '정상 사회의 관점에선' 비교적 동화시키기가 어렵지 않다는 것이다. (물론 저 LGB들은 자신들이 정상 사회에 그나마 동화된 지 불과 10년도 채 지나지 않았으며 그 동화 자체도 어떠한 싸움에 의해서 가능했는지 전혀 기억하지 못하는 듯, 혹은 기억하지 않으려는 듯하다.)

　　예를 들어 무인도에서 태어나서 평생을 그 어떤 타인과의 접촉도 없이 살아갈 이가 자신의 몸을 스스로가 인식하는 자기 이미지에 맞춰 변형하고자 한다면 그것은 젠더로도 섹스로도 칭해질 수 없고 애초에 무어라 '칭할 수'가 없다. 그에겐 언어가 존재하지 않기 때문이다. 나아가 그의 성적 욕구와 충동은 (아마) 욕망화되지 않을 것이고 어떤 대상이 없는 자위의 영역에 가까워질 '가능성'이 높다. 어쨌든 젠더와 성애 모두 애초부터 어쩔 수 없이 사회적인 것이니까, 자기 증명의 행위적 조건과 물질적 조건 간의 궁극적인 차이가 현재 사회의 지형 속에서 트랜스젠더들을 자꾸 유물론자로 몰아가는 경향이 있다. 이러한 유물론, 본질주의 등의 관념 속으로 침몰해 버린 트랜스젠더들은 자신을 트랜스젠더가 아니라 트랜스섹슈얼이라 부르기 시작한다. 궁극적으로 이들은 자신이 받은, 혹은 받고자 하는 의료 행위로만 스스로를 정의하기로 결정하고, 그 결정 자체가 곧 자신의 정체성임을 주장하는 것이다.

물론 여기서 그렇게 의료 행위를 받기로 결정한 것 자체가 젠더에 의한 것이 아니라면 도대체 무엇에 의한 것인지 참으로 궁금해지기는 하지만 이것에 대해 따지기 이전에 그들에게는 더욱 심각한 문제가 있다. 이들은 결국 그래서 자신들이 섹스를 바꾸고자 한다고 주장하지만 생물학적 본질주의적인 입장에서 섹스의 '완전한' 변경은 불가능하지 않은가? 다시 말해 젠더란 존재하지 않고 오로지 여성과 남성이라는 두 가지 성별 구분만이 존재한다고 가정하면 태어날 때 '여성'으로 태어난 이가 자신의 신체를 '남성'으로 태어난 이의 신체와 완전히 완벽하게 같은 형태로 변형시키는 것은 그어떤 수술로도 불가능하지 않느냐는 말이다. 이에 대해 터프 및 극우 진영에서 자주 가지고 오는 근거들이 바로 골격이나 염색체(ㅋㅋ) 등등인데 근본적으로 젠더를 부정하고 섹스를 신봉하는 이 트랜스의료주의자, 트랜스섹슈얼들의 입장에서는 결국 저 소위 '생물학적' 근거들에 굴종하는 길밖에는 없으니까. 따라서 이들은 스스로를 '여성으로 패싱되는 거세된 남성', '테스토스테론을 5년간 맞고 허벅지 살을 잘라' 가짜 남근'으로 달고 다니는 여성', (세상에……) '자기여성애자', '동성애적 트랜스섹슈얼'(이런 게 정말 단어인가?) 등으로 지칭하기에 이른다…… 너무나도 시스젠더를 선망하고 동경한 나머지 그들의 기준에서는 어쩔 수 없이 미흡하고 부족한 자기 자신을 스스로 앞장서서 무수리 취급하게 되어 버린 것이다.

결국 트랜스젠더들이 정상 사회로 동화되기를 원하는 것의 근저에는 시스젠더들과 구분되지 않고 '같고자' 하는 목표가 깔려 있다. 그런데 정말로 시스젠더들과 완전히 같아지는 것이 그들의 최종 목표라면, 그것을 도대체 과연 어느 지점에서 퀴어적이라고 할 수 있는가? 아, 물론 그들이 이미 시스젠더가 아니고 시스젠더와 완전히 같아질 수는 없다는 점에서 어느 정도는 아직 퀴어적이긴 하다. (비록 그것이 아무리 동시에 패배적이라 하더라도 말이다) 그러나 그들이 만일 자신들이 정말 원하는 대로 '완벽하게' 시스젠더와 동일해질 수 있다면, 그러니까 다시 말해 정말로 트랜스젠더가 시스젠더가 될 수 있다면, 시스젠더가 되어 버린 이 (이들의 가정과 희망 속의) 트랜스젠더(즉, 더 이상 트랜스젠더가 아닌)는 퀴어라고 할 수 있는가? 또 여기서 그렇다면 그가 시스젠더가 되기 전에 살아온 트랜스젠더로서의 경험은 그럼에도 퀴어적이라고 할 수 있겠지만 만일 심지어 그 경험조차도 그 개인이 싸그리 부정해 버린다면 어쩌겠는가? 그러니까 사실 이들은 엄연히 말해서 정상 사회에 편입되고 싶은 욕망을 가진 동시에 본인들이 퀴어라고 주장하는 것 (예를 들어 동성혼)조차 아니다. 이들은 처음부터 본인들이 퀴어 '따위'가 아니라고 주장하고 싶은 것이다.(그것이야말로 본인들이 원하든 원하지 않든 진정으로 가능한지는 모르겠지만 ㅋㅋ)

사실 한국인에게 이러한 관념은 정말 어렵지 않게 이해할 수 있는 것들이긴 하다. 우리에겐 친일파와 창씨개명의 역사가 있지 않은가? '진정한 일본인'이 되고자 제국에 부역하고, 조선인으로서의 경험, 정체성을 최대한 싸그리 지우려 노력했음에도 불구하고 끝에 가서는 결국 '진짜' 내지인들에겐 외지인일 수밖에 없었던 이들의 기록들 말이다. 또 여성주의적 개념에서는 명예남성 (얼마 전까지만 해도 '홍자'로 흔히 표현되었던) 같은 단어들도 있다. 기득권, 기성 규범 패권 사회를 숭상하며 그들에게 최소한이라도 인정받고자 그들의 신발 밑창을 핥아대는 약자, 피억압자들의 모습은 우리 주변에서 매우 익숙하다. 그러므로 모든 트랜스젠더는 우리 위대하신 시스젠더분들께 절대로 피해를 입혀서는 안 되고 기분을 상하게 해서도 안 되며 그분들 말에 절대 토 달지 말고 아주 성실하게 복종하여 순종적이고 착한 '트랜스섹슈얼'로 굴어야지만 그나마 반쪽짜리 시스젠더로서라도 인정받을 수 있다라고 어떤 트랜스젠더들이 주장하는 것 또

한 그렇게 낯선 일이 아니다. 그리고 그들이 트랜스젠더로서의 고유한 경험들과 트랜스성을 싸그리 부정하고 완전히 삭제하여 명예 시스젠더 대우를 받고자 하는 것, '진짜 여성' 혹은 '진짜 남성'이 되고자 자신들을 크로스드레서나 드랙 등으로부터 분리해 내고자 하는 것(이 얼마나 슬픈 기획인가!), 또 그렇게 하고자 하는 과정 속에서 '진짜 트랜스'라면 크로스드레서나 드랙처럼 보여서는 안 되고 최대한 '정상인' 시스젠더처럼 패싱이 잘 되어야만 한다며 스스로, 그리고 같은 트랜스끼리 억압을 재생산하고 강화하는 것, 모두 소수자들에게 으레 있어 왔던 일일 뿐이다. '트랜스처럼 굴지 않기'는 '흑인처럼 굴지 않기'의 또 다른 변용일 뿐인 것이다.

그래서 정상 규범 사회의 억압을 소수자들이 내재화하고 또다시 재생산하는 것은 참으로 비극적인 일이지만, 이 모든 것은 어쨌든 정상 사회가 먼저 근원적인 잘못을 한 것이고 이 '명예정상인'이 되고자 하는 비정상인들은 또 어쨌든 피해자일 뿐이므로 그들을 탓해서는 안 된다고 해야 할까? 뭐 어느 정도는, 정상인 기득권들에게 말하듯이 '나가 죽어라', '너희의 일가족을 살해할 것이다' 이런 말 정도는 그래도 이 불쌍한 우리네 일원들에게 쏟아

내지 말자고? 자정할 수는 있겠다. 하지만 현재 트
랜스섹슈얼, 트랜스의료주의자들은 의료 체계(세상
에! 현재 사회에서 의료계만큼 공고하고 거대하게 패권
적이며 특권화된 산업이 또 있을까? 이들은 자본주의의
금자탑이나 다름없는데!)의 손을 빌리길 원치 않거
나 스스로 그럴 필요성 자체를 못 느끼는 트랜스젠
더들을 아주 가열차게 공격하며, 논바이너리들은
아예 존재조차 하지 않는다고 맹사격을 일삼고 있
다. 디스포리아는 트랜스젠더만의 고유한 경험이
긴 하지만 다른 누군가가 디스포리아를 느끼지 않
는다고 해서 그것을 기준으로 그 사람을 트랜스젠
더로 인정하지 않거나 몰아내고 그에게서 자격을
박탈할 권리는 누구에게도 없다. 이쪽에서 누군가
의 자격을 박탈할 수 있다면 이쪽의 자격도 언제든
지 박탈될 수 있다는 사실을 잊어서는 안 된다. (물
론 그들은 이미 시스젠더들에게 자신의 자격을 아주 기
꺼운 마음으로 고스란히 갖다 바치고 있지만) 그럼에도
트랜스섹슈얼들은 의료적 트랜지션을 거치지 않는
트랜스젠더들에게 크로스드레서라 모욕하며 (사실
그게 모욕이기나 한가? 애초에 그게 모욕이 되는 것 자
체가 자승자박일 텐데 ㅋㅋ) 젠더 따위는 존재하지 않
고 (또 말하지만 애초에 자신이 수술받기로 마음먹은 계

기는 아예 잊어버린 모양) 단순히 자신이 어떤 성별이라고 정체화하거나 주장하는 것 자체로는 아무런 의미가 없고, 논바이너리들은 오히려 자신들에 대한 농간이나 다름없으며 (어떻게 보면 이들이 트랜스젠더에 대한 억압을 최전방에서 무효화해 나가며 트랜스젠더들에게 '자격'을 요구받지 않을 수 있는 가장 근원적인 근거를 제공해 주고 있는 존재들임에도 불구하고! (하지만 이건 확실히 하자. 그렇다고 이들이 실제 의료적 트랜지션을 받고 있거나 받고자 하는 트랜스젠더들보다 더 억압을 받고 있단 얘긴 아니다……)) 세상에 성별은 두 개밖에 존재하지 않는다는 아주 비참하고 불쌍하기 짝이 없는 '논의'를 이어 나간다. 심지어는 이미 의료적 트랜지션을 받고 있는 트랜스젠더가 자신이 패싱되지 않아 힘들며 디스포리아를 느끼고 있다고 호소하면 '충분히 노력하지 않았다'고 말 같지도 않은 비난을 일삼고, 의료적 트랜지션을 받고 싶음에도 금전적 상황으로 인해 못 받고 있는 트랜스젠더에게는 '노력만 하면 돈은 얼마든지 벌수 있다. 너는 단지 핑계를 대고 있을 뿐이다'라 하고, 크로스드레서들에게는 '여성 혹은 남성에 대한 모욕이다!', '이들은 스스로를 우습게 보이도록 만들 뿐이다! ('저 사람'들이 '스스로'를 우습게 만드는 것이라면 그것에 대해 굳이 왜 '이 사람'들이 나서서 참견을 하는 걸까? '저 사람'과 '이 사람'이 정말 별 상관이 없다면 말이다……)'라 하는…… 참…… 저 수준의 헛소리들이 얼마나 한심한지를 내가 정말 일일이 다 설명을 해 줘야 할까? 아무튼 젠더 스펙트럼 따위는 존재하지 않는다고 믿는 트랜스의료주의자분들께서는 다른 트랜스젠더들에게 이미 충분한 고통을 선사해 주고 계시다. (우선 내가 이 글을 쓰는 것 자체가 고통이다!) 그러니 다른 트랜스젠더들을 힘들게 할 뿐 아니라 우선 그것에 경도되는 자신부터 비참한 존재로 만드는 그 트랜스의료주의, 트랜스섹슈얼리즘을 하루빨리 멀리하는 게 아무래도 좋을 것이다……

330일째: 11월 14일

(밖에 나갔다 와서 공황)

《한편》 원고 청탁

깜짝 놀랐다. 원고 청탁 메일에서는 편집자가 자신을 내 트위터 팔로워라고 소개하고 있었다. 내 트위터 꼬라지를 보고도 나와 뭔가 일을 같이 하고 싶다는 생각이 들었다니…… 여러모로 대단하다. 그리고 나중 대면 회의 때 편집자의 계정을 물어보니 꽤나 옛날부터 나를 팔로우하고 있던 계정이었다. 옛날에는 내 트위터 계정 상태가 지금보다 더 심각했는데……. 그 꼬라지를 다 보고도 연락을 줄 생각을 했다니 역시 뭔가 엄청나다 싶었다.

난감하다. 청탁 주제인 '집'은 나에게 너무 개인적이고 민감한 공간이라 어떻게 다루어야 될지 모르겠다는 생각이 가장 먼저 들었고 결국 그러면 그냥 이 얘기 자체를 쓰자고 결론짓게 되었다.

그럼에도 집이라는 주제에 접근하는 게 역시 쉽지는 않았다. 집이라는 개념이 너무 넓다 보니 (작게 보면 몸도 집이고 넓게 보면 이 우주와 세상에서부터 나라는 한 개인의 자아 전체까지 전부 집이고) 어디서부터 어디까지가 집인지, 또 개인적인 얘기들에 집중해야 할지 일반적이고 관념적인 얘기들에 집중해야 할지, 주제를 다루는 관점에 대해서 고민이 많이 되었다.

333일째: 11월 17일

트랜지션이 손에 쥐어 주는 양날의 검은 바로 자기 자신에게 그전까지 단 한 번도 경험해 보지 못한 수준으로 솔직해지게 만든다는 점이다. 지금까지 어쩔 수 없다는 핑계로 포기한 채 눈을 돌려 왔던 디스포리아들과 정면으로 마주하며, 자신이 바라는 것, 욕망, 욕구, 희망, 소망들로 인한 참을 수 없는 슬픔이 물밀듯이 차오르며, 처음으로 자기 보전 본능이라는 것이 깨어나 시도 때도 없이 끊이지 않는 불안과 공포에 시달린다. 이렇게만 쓰면 이게 마치 나쁜 것처럼 느껴질 수 있겠으나 나는 지금 처음으로 살아 있는 것이나 마찬가지다. 나는 지금까지 나 자신의 존재 바깥에서 허깨비와 같이 길을 잃은 채 전혀 엉뚱한 곳으로 경도된 고통을 느껴

왔다면 이제는 나 자신으로서 제대로 된 고통을 느끼고 있다.

처음으로 바라는 것이 생기고 처음으로 하고 싶은 것이 생기며 처음으로 되고 싶은 것이 생기고 처음으로 살고 싶어진다.

나는 트랜지션 이후에 난생처음으로 내 몸을 내 몸이라고 인식했다.

나는 트랜지션 이후에 자해를 단 한 번도 한 적이 없다.

……아무리 봐도 저번 혈액 검사 때 수치 낮게 나온 것도 그렇고 수치가 계속 오락가락하는 것도 그렇고 (목표값이 100인데 50 나왔다가 200 나왔다가 50 나왔다가 200 나왔다가 하는 식…… 바로 저번 혈액 검사 때 수치가 50) 의사가 호르몬 약 처방을 제대로 안 해주는 느낌인데

1. 수치 변동이 이렇게 심하면 약에서 주사로 바꿔야 되는 거 아닌지? 하지만 매번 병원에 가서 주사를 맞고 싶지는 않다.

2. 약을 증량을 해야 되는 거 아닌지? 우선 진료 날짜랑 처방 날짜랑 살짝 달라서 저번에 약이 남았을 때 처방받은 2알 말고 3알 먹었는데 그

때 상태 괜찮았음…… 근데 2알 이상 처방이 매뉴얼상 안 된다고 ㅈㄹ…… 그래서 정확히 그 이상 처방하면 뭐가 안 좋냐고 물어보니까 딱히 그런 건 없는데 걍 매뉴얼이 그렇다고…… 어쩌라고 ㅅㅂ…… 개인적 자료 리서치 결과로는(의사도 아닌 주제에 뭘 리서치를 하나 싶겠지만 애초에 트랜스젠더 상대로 한 연구가 제대로 이루어진 적이 어디에서도 없기 때문에 의사가 아는 정보나 환자들 증언이나 거기서 거기라고 봄. 최소한 후자는 자기 몸이니까 절박하기라도 하지 의사들은 사실상 관심도 없고 아쉬울 것도 없음 ㅇㅇ 그러니까 지들한테 피해 안 가게 손해 볼 일 없게 귀찮은 일 없게 안전빵으로 처방 이 ㅈㄹ 하는 거지) 100을 맞추는 게 중요한 건 맞고 근데 그 이상이 된다고 해서 (특히 약으로는) 딱히 문제가 있는 것도 아니기 때문에 최저 수치 50, 최대 수치 200이 나오면 증량해서 최저 수치 100, 최대 수치 250 이게 맞는 거 같은데

　　암튼 그래서 DIY로 약을 구해서 스스로 증량을 시도할 계획을 가지고 있음…… 이게 얼마나 지속 가능한 방식인지는 모르겠지만 내 몸에 내가 손 놓고 있을 수도 없고 내 몸에 책임져 주는 사람은 최종적으로 아무도 없으므로.

339일째: 11월 23일

본인이 트랜스젠더인 게 공적으로 대외적으로는 약점이 아니지만 개인적으로 약점이다. 공적으로는 나를 방어할 도구를 수없이 많이 가지고 있고 트랜스젠더라는 이유로 타인이 나를 공격할 수 없도록 철저하게 방어 체계가 구성되어 있지만 문제는 사실 나라는 한 개인에겐 가장 취약하고 그 어떤 방어도 불가능한 지점이 맞다. 가장 민감한 지점이고 가장 치명적인 부위이고 아마 나라는 존재에 가장 핵심적인 부분 중 하나라서 그러겠죠.

그럼에도 공적으로는 트젠인 게 결코 약점이 되지 않도록 만들어야겠다는 생각이 드는 것은 내가 나의 트젠성을 제대로 당당하게 드러내지 못하고 담담하게 방어해 내지 않으며 외부적으로 취약하게 대한다면 그걸 본 다른 트젠들도 무력하고 패배적으로, 절망과 좌절을 느낄 것이기 때문이다. 이것은 우선 나 자신이 다른 트젠들을 볼 때 그러하니까, 다른 트젠이 자기방어를 제대로 못하면 나까지 불안하고 취약하게 느끼게 되며 나 자신을 방어할 수단이 없고 합리화할 근거가 없는 것처럼 느껴지니까.

또 반대로 자기 자신을 능숙하게 방어 잘하는 트젠을 보면 안전감? 당당함? 자신감? 가능하다는 느낌? 강한 느낌 같은 걸 느끼니까. (그 사람의 개인적이고 내면적인 측면에서는 괜찮은지 안 괜찮은지 알 도리가 없지만)

결국 전자는 안 멋져 보이고 후자는 멋져 보이기 때문에 본인은 그냥 멋져 보이고 싶은 거겠죠.

341일째: 11월 25일

호르몬을 시작하고 남자가 더 만나고 싶어졌는데,
문제는 자기 보전 본능에 의해 안전이란 걸 생각하
게 되니까 오히려 전보다 더 못 만나게 되었다는
딜레마……

348일째: 12월 2일

원래는 엄청 많이 바뀌었다고 생각하고 1주년 기념 하려고 했는데 정작 밖에 나가 보니 그닥 별로……

1인칭 시점에서 보는 나는 그럭저럭 괜찮은 거 같은데 3인칭 시점에서만 보면 미칠 거 같다 너무 못생겨서…… 그리고 내 자신이 스스로에 대해 가 지고 있는 자아상과 너무 다르고 끔찍해서 토할 것 같다. 이딴 걸로 내가 다른 사람들에게 인식당한다 는 게……

누군가가 되고 싶다든지 누군가를 닮고 싶다 든지 하는 생각이 들지는 않지만 내 눈에 괜찮아 보이는 누군가를 보면 부럽나? 저런 형태로 내 몸 이 변화? 변형됐으면 좋겠다는 생각? 그러니까 저 몸이 되거나 저 몸으로 갈아타고 이런 게 아니라 내 몸이 저 몸에 근접하게 변형됐으면 좋겠는 느낌에 가까운? 혹은 저 몸이 체화하고 방출하고 있는 아름다움을 나도 가지고 싶다는 느낌?

근데 어쨌든 요즘 내 몸을 남들에게 보이게 되는 것도 싫고 남들의 몸을 보고 내 몸과 비교하게 되는 것도 싫고 그래서 점점 바깥에 나가는 것이 꺼려지고 싫어지고 그렇다…… 몸이 없이 내 머릿속의 이미지로만 존재하고 싶다…… 그 이미지가 내 몸이 되든가 그 이미지에 걸맞거나 최소한 가깝기라도 한 몸이 되든가……

난 그리고 역시 사람들이 나와 어울려 주는 게 신기하다. 나 같으면 나같이 생긴 사람과 절대……

이대로라면 아마 나는 평생 행복해질 수 없겠지……

349일째: 12월 3일

못생긴 사람을 보면 내가 저렇게 보일까 봐 끔찍하고 예쁜 사람을 보면 내가 저렇게 보이지 않을 거라는 생각에 끔찍하다.

　　요즘은 오히려 몸은 적당히 에지간히 괜찮은데 얼굴이 개씹좆창이라는 생각……

356일째: 12월 10일

(내가 맨날 망가진 레코드처럼 반복하는 출산 혐오 모성 혐오 그리고 본인의 불임성의 맥락에서) 난 사실 아이를 낳고 싶은 건 아니고 그냥 몸속에 계속 지니고 있고 싶은 듯. 고양이 데려오자마자도 그랬음. 얘를 도저히 내 밖에 둘 수가 없어서 따로 떼어 놓기엔 너무 위험하고 불안해 보여서 내 몸 안에 척추에 직접 이식해서 데리고 다니고 싶었음.

360일째: 12월 14일

임신을 혐오하는 것이 아니라 출산을 혐오하는 것
이다. 밖으로 내보내고 기입하는 모든 행위에 대한
혐오. 오로지 모든 것을 내 안에만 기입하기.

　나를 반주체적으로 만드는 것, 통제성을 잃게
만드는 것들에 대한 집착.

내 영역

한 아이가 탯줄조차 떼지 않은 채 방 안에 버려진
다. 아파트 관리인에게 발견되어 목숨은 건지지만,
아이는 고아원에 들어간 이후로도 자신이 버려졌
던 아파트 302호로 끊임없이 되돌아간다. 그는 태
어나자마자 아무도 없이 혼자 덩그러니 누워 있었
던 그 집을 자신의 '어머니'로 인식하게 된 것이다.

　호러 게임 「사일런트 힐 4」(2004)의 등장인물
인 월터 설리번은 출입을 방해하는 아파트 입주민
들을 포함한 총 21명을 살해해 제물로 바침으로써
어머니 302호를 되살리려고 한다. 게임의 배드 엔
딩에서 의식에 성공한 월터는 마침내 302호 안에
누워 다음과 같이 말한다.

　"나 왔어요……. 누구도 날 방해하지 못하게

할 거예요……. 엄마하고 영원히 함께 있을 거예요…….”

　부활한 302호에 홀로 누운 월터를 바라보며 아늑함과 슬픔이 동시에 느껴졌다. 그토록 '어머니'와의 연결을 원하더라도, 잃어버린 연결은 복구도 회귀도 불가능하다는 데에서 오는 감각이리라.

영역 동물들

나는 아무리 친한 친구라도 집에 초대하지 않는다. 함께 거주하고 있지 않은 존재가 현관에 발을 들여놓는 것만으로도 마치 신체에 이물질이 침입한 듯한 느낌을 받는다. 플라스틱, 비닐 등의 무기물이 몸 안으로 들어오거나 기생충이 피부를 뚫고 침입하는 감각. 빼낼 수 없는 것이 내장 안에서 돌아다니는 감각. 나는 내 집이라는 공간에 외부의 존재가 들어오면 정신적 면역 반응을 일으키는 것이다.

　물론 일반적인 인간은 월터 설리번이나 나처럼 '나'와 '내 집'의 관계에 극단적으로 집착하지도, 공격적인 동시에 방어적으로 굴지도 않는다. 다만 그것은 일반적인 사회에서 사회화된 인간이 곧 일반적인 인간이기 때문이다. 인간이 어울려 살 줄

안다는 건 그런 것이다. 사회화되지 않은 인간을 두고 사람들은 '짐승 새끼에 가깝다'고 이야기한다. 그러나 동물에게도 사회화 과정은 존재한다. 사회화란 무리 생활을 하는 동물과 단독 생활을 하는 동물을 가르는 기준일 뿐이다.

개체가 집단으로 영역을 확장시키는 사회화 과정은 내 집 밖의 타인을 향한 적개심을 사라지게 하지 않는다. '나' 아닌 외부를 향한 공격성이 '우리'가 아닌 타자를 향한 배타성으로 전환되는 과정일 뿐이다. 자신의 영역 안으로 이물질을 들이는 데에 무던한 이는 이물질 자체에 무던한 것이 아니다. 그저 자아 영역을 확장하고 그것과 자기 자신 사이에 이물감을 느끼지 않을 수 있는 대상이 비교적 많을 뿐이다. 이들도 '우리' 바깥의 존재에게는 '너는 우리의 일부가 아니다'라고 말하는 데에 거리낌 없을 뿐 아니라 당당하기까지 하다. 어울려 산다는 말 앞에는 어디까지나, 언제까지나 '자기끼리만'이라는 말이 생략되어 있다. 너무 당연해서 구태여 입 밖으로 꺼낼 필요조차 못 느끼기 때문이다.

자아의 영역

인간은 가만히 내버려 둬도 도시나 마을을 이루고 잘들 모여 사는 동시에 햄스터처럼 함부로 합사했다가는 입과 손에 피를 잔뜩 묻힌 하나의 개체만 남는 일도 발생한다. 그래서 인간에게는 집이 필요하다. 영역이란 자아의 연장을 의미하므로, 받아들일 수 없는 다른 자아와 영역이 겹칠 시 어느 한쪽은 반드시 제거되어야만 한다. 나의 자아를 '해체'하는 자아는 '독'과 같다. 반대로 나의 자아를 '증가'시키고 '보존'되게 하는 자아와는 영역을 공유할 수 있다.[1]

그렇다면 애초에 '내 영역'이라는 것이 어째서 자기 신체의 연장처럼 느껴지게 되는가? 월터 설리번은 어째서 자신이 버려졌던 방을 어머니와 등치시켰는가?

모든 생명에게는 모체가 존재한다. 모체를 가지는 것이 생명의 조건이라고 바꿔 말할 수도 있다. 인간, 영장류, 포유류, 척추 동물에게만 모체가 있

---

1   질 들뢰즈, 박기순 옮김, 『스피노자의 철학』(민음사, 2001), 39, 54쪽.

는 것이 아니다. 모든 생명체는 '어머니'를 갖고, 나아가 그로부터 분리를 겪는다고 말할 수 있다. 이때 어머니라는 존재는 '여성'과 같은 성 구분을 생산하는 젠더화와 무관하다. 실재적 차원에서 분리가 일어난 이후에도 이 어머니는 자아의 상상적 차원에 여전히 잔존한다. 이때 한 동물이 자아로부터 상실된 모체의 영역을 외부 공간으로 (완벽하게는 아닐지라도) 대체한다면 그는 영역 동물인 것이다.

그런데 때로 이 모체의 영역에 동물 그 자신의 신체가 포함되지 않을 수도 있다. 한 개체에게 어머니에 대한 애착이 너무 강하게 작용해 모체의 영역을 자기 자신보다 중요하게 여기기에 이르면, '나'의 몸은 정작 내 영역에서 빈자리로 남게 될 수도 있는 것이다. 월터가 어머니를 재림시키고자 희생시킨 21명 중에는 월터 본인도 포함되어 있었다. 그는 감옥에서 숟가락으로 목을 2인치가량 찔러 경동맥을 절단하는 방식으로 자살했다. 그에게는 태어나자마자 안겨 있었던 아파트 302호가 자신의 몸보다 더 진정한 '자신'이었던 것이다.

나 또한 집에 관한 경계심은 민감하고 날카로운데도, 신체에 대한 보존 의식을 일절 가지고 있지 않았다. 택배 상자를 집 안에 들여놓는 것만으로도 극심한 이물감을 느꼈지만 내 몸을 향해 겨누어진 칼날은 전혀 위험으로 인식하지 못했다. 최소한 호르몬 대체요법을 통해 몸을 자아의 일부로 인식하기 전까지는 내 영역에 내 몸이 존재하지 않았다. 처음으로 신체 보존 의식을 느끼게 해 준 이 트랜지션 과정이란, 어쩌면 내 영역 안에 덩그러니 놓여 있는 이물을 내 것으로 빚어내는 과정인 것인지도 모르겠다.

몸에서 살기

젠더 트랜지션 과정은 보통 전환의 영역에 따라 크게 두 가지로 나눌 수 있다. 우선 사회적으로 표현하고 받아들여지는 성별 양식을 전환하는 사회적 트랜지션이 있고, 물리적인 방식으로 몸 자체를 전환하는 신체적 트랜지션이 있다. 둘 다 스스로를 인식하는 이미지에 맞지 않던 사회적 기호, 신체를 자아상에 맞게 전환하는 과정이라는 점에서 공통분모를 가지며 두 과정은 서로 교차하기도 한다. 하지만 각 영역에서 벌어지는 전환 과정은 근본적인 차원에서 성질이 상이하다.(성전환자를 일컫는 데에 두 가지 용어, 트랜스젠더와 트랜스섹슈얼이 혼용되는 것은 이러한 두 가지 존재 양식을 반영한다.)

흔히 '커밍아웃'으로 대표되며 착장, 대인 관계, 언어 사용 등에서 변화를 꾀하는 사회적 트랜지션은 분명 어떤 이들에게 매우 중요한 과정임이 틀림없지만, 한편으로 사회적 삶의 무게를 그다지 대단하게 취급하지 않는 이라면 대수롭지 않을 수도 있다. 사회적으로 가진 것이나 잃을 것이 많은 이들은 커밍아웃에 부담을 느끼며 거대한 서사를 구축하기도 하고 평생 벽장 밖으로 나오지 않고 숨어 살기도 한다. 나의 경우에는 성인이 되었을 때 사회적으로 보유한 그 어떤 자원도 없었기 때문에 곧바로 사회적 트랜지션을 시작했다. 그것은 이미 태곳적이라 할 만큼 오래전의 일이며 거의 모두 지나간 일이다. 그 시기에 수없이 다양한 희로애락이 존재했다는 사실을 부정할 수는 없지만, 또 한편으로 많은 부분이 덧없는 겉치레였다고 느껴지기도 한다.

그러나 지금 당장 진행 중인 신체적 트랜지션은 시작 전에는 상상도 못 했던 질량과 깊이, 부피로 존재의 변화를 일으키고 있다. 신체적 트랜지션에 관해서는 성확정 수술이라고 일컫는 일련의 절차, 특히나 성기 재건 수술만이 부각되는 측면이 있다. 사회적 트랜지션이나 성확정 수술에 비해 상대적으로 잘 말해지지 않는 성호르몬 대체요법이 현재 나의 존재 양식을 가장 크게 바꿔 놓고 있으며, 그 변화의 의미는 간과되어서는 안 될 뿐 아니라 생명의 존재 자체에 치명적이다.

사회적인 측면에서 내가 다른 누군가에게 어떻게 인식되는가는 타인과 접촉이 일어나는 순간순간의 문제이지만 내가 나 자신에게 어떻게 인식되는지는 의식이 깨어 있는 모든 시간 속에서 지속적인 문제다. 한 생명에게 신체는 존재의 최소한의 거주지다. 그런데 단 한 순간도 제외 없이 거주하고 있는 이 몸을 내 집으로 느끼지 못한다면 신변의 안전에 관심이 없게 될뿐더러 생명 보전 의식이라는 것 자체가 형성되지 않고, 더 나아가 스스로 몸을 파괴하고자 하는 경향을 띠게 될 수마저 있다.

나는 단 한 순간도 인식을 그만둘 수 없는 내 몸을 잊기 위해 중추 신경을 마비시키는 알코올에 과도하게 집착했다. 내 몸을 찢어발기는 폭력 앞에서도 완전하게 무감한 태도로 일관했다. 내 몸이라는 집을 벗어나는 것은 곧 생명의 끝을 의미함에도 말이다. 내 몸을 뒤덮은 온갖 흉터, 화상부터 절상, 자상에 이르는 상처들은 나 자신에 의해 새겨진 것과 타인에게 입은 것이 뒤얽혀 있으며, 이 구분 불가능성 자체가 폭력을 대했던 나의 입장이다. 스스로를 해하고 파괴하려고 했을 뿐 아니라 외부로부터 가해지는 폭력들도 방치했고, 심지어는 조장하기까지 했다. 내 손으로 같은 자리를 한 번에 13번 정도 그었던 오른팔 안쪽의 흉터와 다른 사람 손에 쥐어져 있던 칼이 아랫배에 남긴 길이 19센티미터 가량의 깊은 흉터(우연인지 두 흉터의 길이는 같다.) 모두 새겨졌을 때 상처 부위를 대충 신문지로 감싼 채 버스를 타고 집에 갔고 그 상태 그대로 방치하며 병원에도 가지 않았다. 술을 마시고 기억을 잃은 뒤 도대체 어디에서 생겼을지 가늠조차 안 되는 상처가 온몸에 새겨진 채로, 옷은 잃어버리거나 발자국이 남은 채, 전혀 알지 못하는 곳이나 길바닥에서 일어나는 건 일상이었다. 응급실에서 깨어날 때는 신고한 사람을 잔뜩 원망했다. 생명의 관점에서 가장 잔혹한 점은 이 모든 일을 겪는 동안 언제나 아주 조금이나마 즐거움이 깃들어 있었다는 점이다. 이태원 한복판에서 주위 사람들의 환호를 받으며 와인 한 병을 원샷하고는 아주 신이 나서 바닥에 술병을 내리쳐 깬 기억이 있다. 깨진 유리 조각과 사방에 흥건한 피는 토막 난 기억 속에서 흔하게 찾아볼 수 있는 것들이다.

내 영역에 대한 침범이나 인격적 폭력과 마주하면 자해로 반응했다. 이때 내 영역이란 몸을 대체하는 '나'이고, 몸은 '나'를 보호하기 위해 아무렇지 않게 남용할 수 있는, 그런 일이 없더라도 제거하고 싶은, 그럼에도 결코 완전히 제거할 수 없는 이물이었다. 이런 내가 처음으로 자해나 자살 시도를 멈추게 된 것이 바로 호르몬 대체요법을 시작하고 난 이후다. 신체적 트랜지션을 시작한 초반에 외적으로 그렇게 두드러지지 않는 자잘한 신체 변화만으로도 나는 몸을 점점 이물로 느끼지 않을 수 있었다. 이물이 아닌 '내 몸'은 아직 완벽하게 편하지는 않아도 꽤나 누울 만한 집이었고, 아주 작은 부분이라도 내 것이라고 느낄 수 있으면 그 공간을 보전하고자 하게 되었다. 내 몸 바깥의 영역 침범에 항상 분노를 느꼈던 것처럼 신체를 향한 위험에 처음으로 공포라는 것을 느껴 보았다.

'나는 입이 없다 그리고
나는 비명을 질러야 한다'

최근 여성 호르몬을 투약하고 있던 한 트랜스 여성

이 시위 도중 체포되어 남성 교도소에 수감된 후 강제로 남성 호르몬을 처방받는 일이 벌어졌다.[2] 부모의 손에 의해 강제 디트랜지션(forced detransition)을 당하고 자살을 한 사례도 있다.[3] 트랜스젠더뿐만 아니라 많은 성소수자들은 일상적으로 전환 치료(conversion therapy)의 위협과 마주하고 있다. 이는 단순히 신체에 대한 침해인 이상으로 자아를 직접 살해하는 일이다. 거주지를 빼앗고 내 집을 내 집이 아닌 것으로 만드는 것. 심지어 이 집은 밖으로 나가거나 다른 집으로 옮겨 갈 수 없다. 나는 이 집에서 영원히 살 수밖에 없다.

이처럼 강제 디트랜지션과 같은 인격 살인이 행해지는 이유는 '내'가 그들에게 '우리'가 아니기 때문이다. 그들은 자신들의 일부가 아닌 이물질을 향해 면역 반응을 행사해 자신들과 유사한 형태로 '치료'하고자 하는 것이다. 이물질을 외부로 몰아내거나 그저 파괴해서 없애 버리고자 하는 면역 반응

2 Amelia Hansford, "Sarah Jane Baker prison treatment 'amounts to medical detransition,'" *PinkNews*(2023. 11. 12.).

3 Anya Zoledziowski·Tim Marchman, "A Young Saudi Trans Woman Is Believed Dead After Being Lured From the US and Forced to Detransition," *VICE*(2023. 3. 16.).

은 이미 익숙하다. 2023년 한 해 동안 세계적으로 321명의 트랜스젠더가 살해당한 것으로 보고되었다.[4] 그러나 자신들의 일부로 동화(assimilate)하고자 하는 움직임은 생명을 빼앗는 것을 넘어서 생명의 최소한의 존재 근거마저 죽인다. 영역 침범. 주권 찬탈. 식민지화. 집을 뺏긴 나는 내 몸에서조차 죽을 수가 없다.

　최근 혈연 중심의 가족 관계로부터 친밀성을 중심으로 한 친족 관계로의 이행을 꾀하는 기획이 많이 이루어지고 있다. 하지만 그보다 중요한 것은 공동체를 형성하는 소속감, 일체감, 동질감의 패권적 결속력으로부터 어차피 같지 않음을 전제로 하는 단독자들 간의 이질적 호기심으로의 이행이라고 생각한다. 자기 자신이 아닌 모든 것에 경계 태세를 내리지 않으면서도 그것들의 '다름'에 일종의 흥미, 즐거움을 가지는 태도다.

　애초에 누군가를 나와 같은 이로 규정하고 '우리'를 형성해서 안전감을 느끼고자 하는 속셈이야말로 무리 동물의 가장 비열한 습성일지도 모른다.

4　Transgender Europe, "Trans Murder Monitoring 2023 Global Update."

'어머니' 이후에 '나'와 같은 존재는 없으며, 따라서 진정한 의미에서 '우리 집'이란 존재하지 않음에도 단지 불안과 공포를 줄이겠다는 이유로 눈 가리고 아웅하는 꼴이다.

결속하는 동시에 배제하는 무리 동물의 습성에서 벗어나 단독자들 각자가 집과 집 사이 경계에서 만나는 세계를 상상한다. 결국 단독자들 간의 접촉이 모두의 모두를 향한 영원한 적대로 이어지지 않으려면 단독자들 각자에게 충분히 집이, 신체의 주권이, '어머니'의 영역이 보장되어야만 할 것이다.

「내 영역」을 쓰며

초고에서는 고양이 얘기를 많이 했었는데 안 그래도 평소 글에서 고양이 얘기 너무 맨날 하는 거 아닌가 싶어서 스스로도 매너리즘 의혹에 찔리던 참에 지적받아서 지웠다. (하지만 그냥 아무 데나 고양이 얘기를 갖다 붙이는 게 아니다. 그만큼 고양이 얘기에 모든 것이 있을 뿐이다.) 거의 원래 글의 반절 정도를 지운 셈이 되었다. (고양이 얘기를 그렇게나 많이 했던 것이다.)

고양이 얘기를 포함해 여러 동물에 대한 일반론적인 관점에서의 얘기들을 지우면서 그 자리를 내 개인적인 얘기들로 대신 채우게 되었다. 그런데 이때 내 개인적인 얘기들을 떠올려 내려다 보니 과거의 경험들을 되짚게 되었고(평소에 글을 쓰는 동안 내 과거를 떠올리는 일은 이때까지 거의 없었다.) 여러 좋지 않은 기억들이 재구성되기 시작했다. 「내 영역」 원고를 다시 쓴 이후 어째선지 묻어 두었던 경험들이 계속해서 깨어나고 돌아왔다.

트라우마였던 걸까? 나는 매일 밤 악몽에 등장하는 시기 외에 딱히 외상적이라고까지 생각해 본 적이 없었다. 그래서 나는 내게 무의식이 작용해서 억압된 게 있으리라고 생각해 본 적도 없었다. 나는 '그 시기'에 관해서는 오히려 지나칠 정도로 모든 것을 아주 생생하게 의식상으로(원하는 바와는 정반대로) 기억하고 있기 때문이다. 그런데 새롭게 다시 발견되는 경험들이 등장하기 시작했고, 어쩌면 나는 '그 시기' 때문에 기준이 너무 낮아져서 어떤 경험들은 트라우마라고 인식하지조차 못하게 된 걸지도 모른다.

말하자면 「내 영역」의 최종 원고 집필 과정은 이후 내 정신 상태가 여러모로 악화되는 여러 단초이자 도화선 중 하나로 의심받게 되고 말았다. (그러니까 물론 이것 하나만이 원인일 거라고 생각하지는 않는다. 하지만 후에 정말로 여러 원인들을 탐색할 필요를 느끼게 되었을 때 그중 하나로 불려 나온 것은 분명히 사실이다.) 하지만 한편(no pun intended) 그 상태는 눈치채지 못하고 있던 새로운 (그러나 또 동시에 너무 당연하고 낡은) 진실들과 마주하는 순간들이기도 했다. 증오와 분노의 부정적 진실들이더라도 진실은 진실인 것이다. 어디까지나.

호르몬 투약
1주년 기념행사

원래 내 진행 차례가 시작되는 시간보다 30분 정도 일찍 도착하려고 했는데 생각보다 행사 장소가 집보다 훨씬 멀어서 차례에 딱 맞춰 도착했다. 워낙 급하게 도착했다 보니 땀을 진짜 비 내리듯 뻘뻘 흘렸고 이 땀은 들어가서 행사를 진행하는 와중에도 전혀 멈추질 않았다. 그래서 일지를 읽는 동안 창문을 열어 놓고 중간중간 바람을 쐬어 가며 행사를 진행해야 했다.

행사는 1년 치의 호르몬 일지를 읽고 옛날 사진을 보여 줘 지금의 내 모습과 비교할 수 있게 하며 질문을 받고 기념을 받는 순서로 진행되었다. 빙고 게임도 진행했는데 세 명의 수상자가 나왔음에도 급하게 오느라 선물을 준비 못해 후에 책이

출간되면 그것을 선물로 줄 것을 약속했다.

호르몬 투약 1주년 기념을 부대 행사로 진행할 수 있도록 자리를 내어 준 본 행사 킬타임트래시 2회의 주최 리타와 상훈은 드라마 '젠 V'의 등장인물 조던 리의 이미지가 프린팅된 케이크를 내게 깜짝 선물해 주었다. 관객 중에서도 몇몇 분들이 선물을 준비해 와 주셨다.

많아 봤자 15명 정도 참가하리라고 예상했던 행사에는 그보다 훨씬 많은 이들이 참가했다. 어디서부터 어디까지가 킬타임트래시에 참가하러 온 것이고 어디서부터 어디까지가 호르몬 투약 1주년 기념행사를 보러 온 것인지 알 수 없었다. 참가 인원이 너무 많았던 관계로 뒤풀이 인원을 행사에서 그대로 모집하지는 못했고 (도저히 내가 전부 인솔할 수 있는 규모가 아니었다.) 주최인 상훈과 따로 뒤풀이를 갔다. 리타는 피곤해서 먼저 집에 들어갔다.

호르몬 파티가 끝나고 얼마간 기분이 좋지 않았는데 그건 파티가 끝나고 난 뒤의 허전함 같은 게 아니라, 파티 자체가 재미없었던 것도 아니고, 단순히 그날 찍은 사진들에서 내가 너무 못생기게 나왔다는 사실 때문이었다. 파티 자체는 매우 즐겁게 진행되었다.

최소한 내 입장에서 아는 사람과 모르는 사람이 뒤섞인 타인들에게 내 개인적인 경험을 전하는 행위 자체는 재밌었지만 그 사람들에게도 이걸 듣는 게 재밌는 활동일지는 알 수 없었다. 행사가 끝나고 난 뒤엔 다들 재밌었다고 얘기해 주었지만 사실 그 사람들이 뭘 재밌어했던 건지는 잘 모르겠다. 그러니까 공감할 수 있는 지점이 있어서 재밌어했던 건지 아니면 평생 전혀 모를 타자의 얘기라 재밌었던 건지 아니면 그냥 얘기 자체가 재밌었던 건지……

386일째: 2024년 1월 9일

호르몬 처방 방식을 약에서 주사로 변경(10mg/ml 1ml)

(오전 9시)

　　매일매일 약을 먹다가 갑자기 안 먹으니 기분이 존나 이상하다…… 그리고 약은 먹으면 뭔가 거의 즉각적으로 바로바로 효과가 느껴졌던 거에 비해(혈액 검사 수치 보면 플라시보일지도 모르겠지만) 주사는 그런 게 없으니까(약은 매일 먹지만 주사는 한 번 맞으면 2주 치니까) 이게 맞나? 싶고…… 이거 효과 없는 거 아닌가? 이런 불안이 갑자기…… (분명 검사해 보면 수치는 지금이 훨씬 높을 것임에도 불구하고)

　　그리고 이것마저도 그냥 전부 플라시보인 걸수도 있겠지만 주사 맞으니까 뭔가 감각하는 느낌? 신경 체계 같은 게 또 바뀐 느낌? 잘 모르겠다.

모든 것들이 좀 비교적 멀고 만성화된 느낌이랄
지…… 어쨌든 무언가를 정확하게 느껴 보려고 존
나게 노력 중…… (나만 이렇게 예민한가? 약에서 주
사로 바꾸고 난 뒤의 변화나 반응은 해외 웹을 뒤져도 딱
히 안 나온다. 가슴 얘기 빼고 ㅋㅋ 뭔가 호르몬 관해서
이런 기분적인 얘기를 정말로 잘 안 하는 느낌…… 그
날그날 우울하다 감정 기복이 심해졌다 이런 얘기는 하
는데 투약 방법이나 증량에 따른 변화 같은 거는 기록
이 안 된 건지 아니면 그냥 내가 존나 과민 반응하는 건
지……) 암튼 뭐랄까 순간적인 강렬함에서 항상적
인 안정화? 당연함? 일상화? 같은 걸로 바뀐 느낌.

뭔가 몸의 급박함이 사라진 느낌…… 물기
가……

원래 좀 더 통제할 수 없는…… 몸에 내가 휘
둘리는 느낌이 있었는데 뭔가 좀 더 차분해진 느
낌……

어떤 불수의성이 사라진 느낌…… 그러니까
결국에는 사라진 부분이 아쉽거나 불안하다는 얘
기다.

사춘기가 지난 느낌이 이런 걸까……

습기가…… 열기가 빠져나간 느낌……

기운이 좀 없는 느낌?

만약에 지금이 수치가 더 높다고 해도 수치가 더 낮을 때가 기분이 더 좋았다면 그때가 더 좋은 거 아닌가?

(오후 6시)
헉 아니다 취소 ㅋㅋㅋㅋㅋㅋㅋㅋ 몸 갑자기 다시 뜨거워짐 돌았나 ㅋㅋㅋㅋㅋㅋㅋㅋㅋㅋㅋ

이게 뭐임 ㅋㅋㅋㅋㅋㅋㅋㅋㅋㅋㅋ

이게 분해 및 흡수가 확실히 약보다 늦나 보다⋯⋯ 하루 정도 시간차 공격하는 느낌.

388일째: 1월 11일

　하루 중에 몸이 뜨거워졌다 차가워졌다 하는 시간대가 있는 듯…… 단순히 열 올랐다 내렸다 하는 거 이상으로.

게임 충동 회의

충분히 자고 나왔음에도 불구하고 회의 장소로 가는 지하철에서 쓰러질 만큼 졸렸는데 맞은편에 앉은 남자가 (정말 미안한 말이지만) 너무 나를 칼로 찌를 것만 같아서 잠들지를 못했다. 가방을 끌어안아 배를 가리고 있었음에도 불구하고 목은 가릴 수 없었기 때문이다. 회의 장소에 도착해서도 한동안 정신이 들지를 않았다.

결국 이날 회의 안에 제목을 정하진 못했다.

392일째: 1월 15일

생각해 보면 어렸을 적에 목걸이 반지 보석 등등 귀금속 및 화장품 같은 것들을 어째선지 좋아했던 거…… 시계도 여자 시계 차고 싶어했고. 진짜로 어떤 시계 예쁘다 그랬더니 '그건 여자 시계야'라는 말을 들은 적이 있음. 생각해 보면 그것뿐만 아니라 '그건 여자 ○○야'라는 대사 자체를 굉장히 빈번하게 들어 왔음……

안 그렇다고 생각했는데 의외로 생각했던 것보다 훨씬 전형적……

393일째: 1월 16일

주사 맞은 약발이 떨어져 가는 건지 기분이…… 외로운 건지 불안한 건지 슬픈 건지 모르겠다. 셋 다일지도.

397일째: 1월 20일

이제 진짜 호르몬 약발 다 떨어진 듯……

398일째: 1월 21일

성적 경험 및 감각에 여성성 혹은 여성 되기를 가두어 버리는 것은 어쩌면 많은 여성들에게 굉장히 모욕적으로 느껴지거나 불쾌감을 불러일으킬지도 모르겠다. 또 여성이라고 해서 한 종류의 같은 성적 경험을 공유하는 것도 아니고 반드시 성적 감각 능력을 가지고 있는 것도 아니다.

하지만 내가 내 몸을 여성적이라고 느끼고 내 안에서 여성성을 가장 선명하게 찾아낼 수 있는 지점은 바로 이러한 성적 감각의 등장이다. 호르몬을 시작하기 전까지 나는 사실상 제대로 된 성감을 느껴 본 적이 없었고 오로지 불쾌감을 수반하는 '성기 자극에 의한 감각'(이 감각은 지금이라고 해서 사라진 것도 아니고 여전히 아주 잘 알고 있는 것이며 또 마찬가지로 여지껏 매우 철저하게 불쾌감과 끔찍함, 찝찝함을 선사한다. 말 그대로 '기분 나쁨')만을 느끼는 것이 가능했다.

그러나 호르몬을 시작하며 아주 자연스럽게 서서히 몸의 신경 체계가 뒤바뀌고 재조합되며 새로운, 어쩌면 숨어 있던, 그리고 '이제야 제대로 되었다'고 느낄 수 있는 감각들을 발견할 수 있었다. 아픈 젖에서 시작해서 우연한 접촉들로 인해 발생하게 된 자극들, 그리고 몸 안의 어떤 회로가 이어지는 느낌. 신체가 무한하고 쪼개지고 파열되어 분열된 부분들이 아니라 하나로 연결되고 충만한 느낌. 무언가 가치 있는 것이 생겨난다는 감각. 어떤 강도. 언젠가 읽었던 것 중에 '몸에 전기가 지나가는 것 같다'고 한 바로 그 감각. 열감. 뜨거움. 이 열이 바로 강렬한 것이다. 열이라는 어떤 가치, 정도, 양. 절대적인 수치를 측정할 수 있는 어떤 것의 '발생'. '생겨남'. 바로 그 가치. 무언가를 느낄 수 있다는 것. 느끼지 않던 '무'에서, 느낄 수 있는 '유'로, 내 안에서 내가 느낄 수 있는 무언가가 생겨난다는 것. 생산. 생산성. 감각의 발생. 감각을 만들어 낼 수 있는 능력. 잠재성. 역량. 감각하는 방식이 달라지고 생명체, 개체의 가치를 발견했으며, 또 '나'를 찾은 동시에 찾은 나는 바로 여성이었다.

내가 여성성을 느끼는 지점은 바로 내 몸 안에서 발생하는 성적 감각이다. 혹은 내 몸이 성적 감각을 발생시킬 수 있는 능력 자체가 여성성으로 느껴진다고 말하는 것이 더 정확할지도 모르겠다. 내가 만난 나는 바로 성적 감각을 느낄 수 있는, 성적 감각을 발생시킬 수 있는 몸을 가진, 몸인, 여성성을 가진, 여성성을 생산할 수 있는(이렇게 말하면 어쩌면 여성성 자체가 성적 감각이라고 말할 수 있을까?) 여성이었다.

성기 자극=더러움…… 오염되는 느낌.

성기와 연결된 모든 내장 기관을 싸그리 뽑아내고 싶다.

성적 감각? 쾌감? 쾌락? 플레저라는 말이 제일 정확한데…… 보통 리비도라고 하는 것 같지만 이 단어는 딱 들어맞지는 않는다. 적확하지도 않고.

어떤 자극에 의해 몸이 마음대로 움직여지지 않거나 자기 마음대로 움직이는 느낌=불수의성.

수술 후엔 어떻게 될지 너무 궁금하다.

근데 또 많은 사람들이 호르몬 이후에 우울이나 감정 기복을 토로하는 것을 보면 나는 감정을 그나마 느끼게 되긴 했지만 막 엄청 기복이나 우울 같은 게 심하게 찾아오지는 않는데, 간혹 슬프거나 울긴 하지만(그전에는 전혀 슬픔을 느끼지도, 울지도 않았다는 이야기) 이게 내가 워낙 너무 무감각했고 무감정 무감동 상태가 심했으며 오직 괴팍함 폭력성 분노의 극한으로만 존재하던 인간이라 그럴 수도 있겠다는 생각. 오히려 우울, 감정기복 등이 가리키는 에스트로젠성? 어떤 풍부함?(누군가에겐 과 풍부함이기도 한) 감동성? 감정의 발생성? 창조성의 정반대편에서 무감, 무감정, 무감동, 무관심성, 생산하지 않음을 넘어 파괴성의 상태에 있었기 때문에 그냥 그 사이 중간 상태 그냥저냥 적당한 상태로 오게 되었을 수도…… ㅎㅎㅎ

내가 감정을 느끼거나 우는 일은 무언가에 공감할 때뿐이었는데 어쩌면 그 대상을 통해 대리 감각, 대리 감정을 느껴 온 것일 수도 있겠다. 예를 들어 창작물을 보고 눈물을 흘리거나 타인의 이야기를 듣고 슬퍼하는 일은 있었지만 나 자신에 의해, 나 자신이 처한 상황이나 내가 겪은 사건, 혹은 내 삶, 자기 자신이라는 존재 그 자체 때문에 눈물을 흘린 적은 없었을뿐더러 전혀 슬프지도 않았음. 지금도 자기 연민이라는 건 존재하지 않지만 그래도

어떤 사건이나 상황, 경험들 때문에 슬픔을 겪고
눈물짓는 일은 종종 벌어짐.

400일째: 1월 23일

또 몸에서 열이 사라짐
왜 꼭 맞은 당일에는 열이 사라지는 건지

401일째: 1월 24일

내가 겪는 문제는 누구한테 얘기할 수도 상담할 수
도 없는 문제라 너무 힘들다.

402일째: 1월 25일

이틀째임에도 몸이 안 돌아와서 불안하다. 오히려 더 무감해진 느낌?

1주째에 젖이 다시 굉장히 아파졌었는데 그게 없어졌다 뭘까

강간당했었던 게 (정신적으로는) 엄청 괴롭지 않았었다는 게 괴로우면 어떡해야 됨

사실 어떤 건 생각하기만 해도 좆같고 더러운 거 맞는데 문제가 당했던 강간들이 전부 그레이존에서 일어난 일이라

그리고 더 역겹게 느껴지는 것들이 더 그레이존에서 일어났던 일이고

아파서 창피한 줄도 모르고 제발 그만하라고 소리 지르고 몸부림쳤는데도 두 명한테 계속 억지

로 당한 그러니까 상대적으로 덜 그레이존이었던 게 정신적으로 덜 괴로우면 어떡함 (그래도 이때 진짜 죽을 거 같아서 무섭긴 했음)

근데 아마 다른 이유들도 있겠지만 어쩌면 더 그레이존인 쪽이 더 좆같고 덜 그레이존인 쪽이 덜 좆같은 건 아마 더 그레이존인 쪽이 내가 충분히 거부하지 않아서? 내가 여지를 줘서? 등등 내 과실로 느껴지는 부분이 더 많아서 더 더럽고 좆같이 느껴지는 걸 수도

아니 이런 얘기 다 존나 당연하고 이미 많이 들은 얘긴데도 정작 자기가 당하면 거기다 적용시킬 생각을 못하게 되는 듯. 같은 얘기인데도 실감이 안 나서……

그니까 정말 길거리에서 괴한한테 붙잡혀서 목에 칼 들이밀어지고 당하는 이런 전형적인 강간이 아니라서 자꾸 스스로 더 애매하고 그레이존인 것들이라 생각하게 되는 거 같고……

그 두 명은 정말 모르는 사람들이긴 했는데 암튼…… 뭔가 거기서도 말하긴 싫지만 내 과실이었던 부분이 있는 것 같아서

아니 내가 멍청하고 바보인 건 어제오늘 일도 아니지만 그냥……

아니 근데 암튼 정신적으로는 그닥 안 괴로웠
다는 사실이 왠지 더 강간이 아니게 만드는 것 같
고 더 그레이존 같고 더 안 유효한 경험같이 느껴
지고 그래서 더 괴로움

404일째: 1월 27일

몸이 아깝고 '내'가 아깝다

423일째: 2월 15일

나 자신을 설명함에 강간 '생존자'라는 단어를 붙이고 싶지는 않다. 우선 그 상황들이 당시에는 생명의 위협을 느꼈지만 지금 돌이켜 보면 객관적으로 정말 죽을 만한 상황은 아니었기도 하고, 물론 이후 자살로부터의 생존자라는 의미에서 생존자란 표현을 사용할 수도 있겠지만 해당 사건들은 사건이 벌어지고 난 뒤에 나로 하여금 자살을 생각하게 할 만큼 정신적으로 딱히 그렇게 엄청난 피해를 주지도 않았으므로(애초에 이 부분이 괴로운 것이므로) 생존자라는 단어는 적합하지 않은 것 같다.

그리고 강간뿐 아니라 나는 내가 겪은 모든 폭력들에 대해서 생존자라는 단어를 붙이고 싶지가 않다. 나는 그것들로부터 살아남은 것이 자랑스럽지 않고 엄연히 말하면 그때 그냥 죽었어야 마땅하다고 생각한다. 나는 모든 사건들로부터의 생존에 긍지를 부여하고 싶지가 않다. 나는 죽지 못해 살아 있었다.

내가 살아 있음에 긍지를 느끼게 해 준 것은 트랜지션 단 하나뿐이다. 그것이 처음이며 그 이전에는 내 생존은 그저 저주에 불과했다. 물론 그때 그 사건들로부터 살아남았으니 지금 와서 트랜지션을 할 수 있었던 거 아니냐고 말할 수도 있겠지만 그건 그 당시엔 알 수도 없고 아직 존재하지도 않았던 사건들이다. 그때의 자살 충동은 그 무엇보다도 진짜였고 나는 지금 와서 살고 싶어졌다고 해서 그때의 고통, 그때의 절망, 그때 진심으로 죽고 싶었던 마음을 변질시키고 싶지 않고 더럽히고 싶지 않으며 훼손하고 싶지 않다. 다시 말하지만 그때 나는 죽었어야 했다.

따라서 나는 생존자가 아니며 그저 피해자다. 내가 피해 입은 사실들은 내 살아 있음에 그 어떤 긍지도 가져다주지 못했고 내가 살아남은 건 정말 말 그대로 '어쩌다 보니' 죽지 못한 것뿐이다. 아주 아주 불행한 우연의 결과들이었을 뿐이다. 지금 내 기쁨과 환희는 과거의 내 진심을 가짜로 만들지 못하며 과거의 나를 진짜가 아니었던 것으로 만들지 못한다. 절대로.

어떻게 해도 내 과거는 바꿀 수 없다. 그 경험들은 무슨 일이 있어도 그 경험들로 남아 있을 것이다.

해당 사건들로부터 나는 어떤 주체성도 얻고 싶지 않다. 나는 내가 겪은 좆같은 일을 오염시키고 싶지 않다. 해당 사건들에서 어떤 좋은 것도 어떤 긍정적인 것도 어떤 양의 가치를 가지는 것도 어떤 힘도 발생시키고 싶지 않다. 나는 나의 피해 사실을 고스란히 온전히 무조건적으로 역겹고 나쁘고 끔찍한 것으로 남겨 놓을 것이다. 그 어떤 창조성도 가능성도 불가능한 것으로.

『진격하는 저급들』
북토크 후기

지금까지 살면서 행사 진행을 할 기회는 몇 번 있었지만 북토크 진행은 사실 처음 해 봤다. 애초에 북토크라는 것에 관객으로도 참석해 본 경험 자체가 거의 없다. 그래서 준비를 나름 꽤 했다. 이건 북토크 현장에서도 했던 얘기인데, 참고용으로 찾아본 북토크 영상들이 정말 하나같이 재미없어서 최소한 나는 재밌게는 진행해야겠다고 다짐했다.

기본적인 소개와 본문 외 개괄적인 질문부터 각 장에 대한 심화적인 질문들까지 할 얘기가 너무 많았고 시간이 없어서 질문 몇 개는 하지도 못했다. 관객들에게 미리 나눠 준 장장 A4 7페이지짜리 질문지에서 마지막으로 꼭 대답을 듣고 싶은 질문을 골라 달라고 해야 할 정도였다. 5장에서 '트위터

의 쓸모'에 대한 질문과 6장에서 '(여성) 성소수자-
퀴어 시각 예술의 비가시성'에 대한 질문, 그리고 7
장에서 '레즈비언 예술이 왜 구린가'에 대한 질문을
준비했는데 결국 6장의 질문이 선택되었다.

북토크가 끝나고 뒤풀이에서 리타에게 내가
진행을 잘한 건지 물었다. 리타는 자신이 하고 싶
은 말을 다 할 수 있도록 편안하게 진행해 주어 고
맙다고 답했다. 다행이고 기뻤다.

그러나 이때 정신 상태가 상당히 안 좋아 뒤풀
이 자체를 충분히 즐기지는 못했다. 그래도 끝까지
는 있었다. 어쩌면 뒤풀이를 즐김으로써 정신 상태
가 나아지리라는 기대가 있었는지도, 오히려 그래
서 더 오래 남아 있었는지도 모르겠다. 하지만 종
국에는 더 악화되는 결과를 낳았다. 심지어는 다른
사람들이 전부 집에 먼저 돌아간 다음에도 혼자 오
랜만에 첫차 시간까지 떠돌아다녔는데 매우 춥고
힘들고 외롭고 상당히 우울했다. 그리고 술도 호르
몬의 영향으로 취할 때까지 마실 수가 없어서 속만
더부룩할 뿐이었다. 술을 정말 더 이상 굳이 마실
이유가 없다는 것을 깨달았다.

435일째: 2월 27일

너는 아무것도 아니야
너는 원래 아무것도 아니었고 단 한 번도 아무것이
었던 적이 없었어 앞으로도 그럴 거야 평생 그럴
거야
원래 그런 새끼니까
영원히
너는 억울한 일만 당해 왔고
억울한 일만 당하고
앞으로도 억울한 일만 당할 거야
평생 그럴 거야
너는 원래 그런 애야
억울한 애야
인생이

아무도 너한테 관심 없어

너는 누가 관심 가질 만한 가치가 없거든

누가 너 같은 거한테 관심을 갖겠어

너 같은 쓰레기한테

멍청해서 지가 무슨 일을 당했는지도 모르는 새끼
야

지가 무슨 취급 받고 있었는지도 모르는 새끼

기본적으로 사람들은 남자를 좋아해

사람들 진짜 남자 사랑함 ㅇ ㅇ 외면도 내면도 모두
남자 외면 남자 내면 사랑함.

그리고 진짜 사람들 여자 싫어함…… 정말 모두가
여자를 싫어함…… 누구 할 거 없이……

그래 나도 나를 열등하게 보는데 니들이 어떻게 나
를 열등하게 안 보겠냐.

438일째: 3월 1일

내가 지금 여자 만나기 '극도로' 싫은 건 그냥 열등감 때문인 듯……

우선 깁 받고 싶은 건 맞는데 내가 깁을 받기 위해 사용해야 하는 신체 부위가 성기가 아니라 사실상 성기의 대체물이나 다름없는 부위기 때문에 그것이 나의 성적 상대가 여성인 경우에는 100퍼센트 1000퍼센트 열등감으로 느껴지게 된다.

상대가 남자면 뭐 알 바냐…… 싶지만 상대방이 여성인 경우에는 내 신체를 손으로 만져야 하니까 이 부분도 더 불쾌 및 불편하고 성기의 열등은 물론이고 그냥 전체적으로 내 열등한 신체 전체를 상대방과 비교당하고 싶지가 않은 듯…… 우선 나부터가 비교하고 열등하다고 느끼고 있으니까.

모르겠음 솔직히 열등하다고 느낌…… ㅈㅅ

다른 트랜스분들까지 생각하면 진짜 죄송한 이야기이지만 그냥 내 기준으로 생각하면 시스 여성에 비해서 존재 자체가 열등하다고 느낌……

내 정신은 지금

완벽하게 외부로 노출된 채

상시 한순간도 멈춤 없이 마찰당하는 상처처럼 느껴진다.

말 그대로 너덜너덜한 걸레짝 같은 질감

440일째: 3월 3일

아무것도 되지 못한 실패작
모든 가능성이 막힌 괴물

(이날은 다섯 시간을 내리 울었다.
너무 화나고 슬프고 끔찍해서.)

441일째: 3월 4일

여성에게 마땅한 혁명의 영광이 있는 것과 달리 트랜스젠더에겐 해답도 해결도 해소도 화해도 설명도 이해도 합의도 변상도 배상도 보상도 보답도 변제도 결말도 결론도 없다. 그저 끝없이 반복되는, 매듭지어지지 않는 실패와 좌절, 절망만이.

만화 『나루타루』의 코가 노리오를 보며 생각했다. 항상 트랜스펨[5]들은 모두의 안중의 바깥에 있다…… 신경과 고려와 걱정의 2순위 3순위 4순

---

5 transfem. transfeminine의 약자로 논바이너리부터 트랜스여성까지, 트랜스젠더 중에 상대적으로 여성적이라고 여겨지는 젠더 표현을 지향하는 모든 이들을 아우르는 표현이다. 논바이너리 중에 스스로를 여성 젠더에 더 가깝다고 느끼는 이들(she/they)이 여기 속하고 트랜스여성(she/her)이 가장 확실하게 속하는 계열이다.

위 혹은 그 밑으로…… 아예 순위 바깥에 있을지도 모른다.

여자로 생각을 안 해서라기보단 남자보다도 걱정을 안 받는다. 아마 여자 남자 그 어느 쪽보다도 귀찮게 굴면 바로 그저 괴물일 뿐인 존재이니까. 편의에 따라 언제든지 인간 비스무리한 것 취급조차도 멈춰 버릴 수 있으니까. 당장 괴물로 내쳐 버릴 수 있으니까. 그러니까 귀찮게 굴지 않는 것이 기본적으로 탑재되어 있다. 그리고 실제로 아주 조금만 귀찮게 굴어도 바로 고려 대상 바깥으로 내쳐진다. 인간이 아니면 되니까 인간이 아니기 너무 쉬우니까. (그렇다고 귀찮게 안 굴 때라고 해서 딱히 별로 그렇게까지 인간 취급을 해 주는 것도 아니지만)

귀찮게 굴지 않기. 자리 차지하지 않기 등등. 물론 심지어 이것 때문에 오히려 또 더 안중 밖으로 밀려나는 것도 있지만, 그렇다고 해서 저렇게 안 하고 관심을 갈구한다고 해서 관심의 중심에 놓아 주지는 않는다. 오히려 눈가에나마 서성거릴 수 있게 놔 주던 애를 그저 더 빨리 단박에 단숨에 바로 내쳐 버릴 것일 뿐이지. 그걸 알기 때문에 아예 곁에 있을 수조차 없게 되지 않기 위해 안중 밖으로 밀려나는 짓을 눈가에 나는 것을 알면서도 스스로 하는 것.

쓸모없지 않기. 무슨 수를 써서라도 필요해지기. 귀찮게 굴지 않기. 관심을 필요로 하지 않기.

끊임없이 영원히 증명해야 하는 것들. 생존을 위한 보이지 않는, 증명할 수 없는, 자해. 죽음의 생존법.

그리고 이 '보이지 않는' '증명할 수 없는' 자체가 궁극적으로 자해이자 생존법……

먼저 말하지 않기 나중에 말하기 맨 마지막에 말하기

급하지 않기

괜찮기

앞에 나서지 않기 시야 차지하지 않기 가리지 말기 주목받지 않기

노리오는 어쩌면 그때 죽어서 다행일지도…… 2차 성징 오기 전에 ㅋㅋㅋㅋㅋㅋㅋㅋ

442일째: 3월 5일

아니 그라인더 애들 어떻게 이렇게까지 멍청하게 말함?

아 맞다 이게 남자 평균값이지……

진짜 여자랑 말하다 남자랑 말하면 매번 수준 뚝 떨어져서 깜짝 놀람. 이게 말이 되나 이게 가능한가 싶고.

'hehe i like to suck your tits and taste you' 이게 진심 꼴릴 거라고 생각하는 거야? 그런 건 만나서 말하라고 좀 이 돌대가리 새끼들아

상대   Have you boob?

나   yes i took hrt for a year

상대   I'm too much interest sex how about you?

I like suck boob and fuck

Have u dick or cut?

나 i have a plan to get a surgery but couldn't

get it yet

but i really hate it

상대 Why

Not wake up?

나 no... because

because i'm trans???

i think that's the whole thing of being trans

lol

상대 No

Trans have dick

나 i mean, yeah some trans people are ok with it

상대 And strong

나 but not me

i really really hate it

but well if you prefer... i have it now at

least, lol

상대 Mean

When I suck ur dick?

나 hmm... i don't like to be sucked...

상대 You don't suck my dick?

나 oh no i can suck your dick lol

just not mine

i only hate mine

상대 Good

And also suck my boob and ass?

나 wow i actually never have done that

상대 Really

But when sex I want best fucking

나 well i can touch, i guess??

상대 Where touch?

나 wow sorry i'm kinda submissive??? and

not the one who leading the sex so i think

i'm not the one you are finding

i wish you can find a better match

상대 I tell when sex can get feel together

Can I call?

Are you alone?

나 sorry but i think this is going nowhere

have a nice day!

상대 What

I like sex like romantic (차단 중⋯⋯)

445일째: 3월 8일

어린 시절 포르노를 처음 보고 아마 무의식적으로 그렇게 생각하지 않았을까 싶다.

'저거 내가 당하던 거잖아.' 아니 근데 이것도 그럼. 보통 부친이 애한테 그러는 게 흔한 일이라고 해도 애가 진짜 진심으로 놔달라는데 안 놔주고 숨 막힌다는데 계속 몸무게로 갈비뼈 깔아뭉개고 있고 그러지는 않지 않나? 모르겠음 시발 막 꽉 붙잡고 꽉 누르고 깔고 숫자로 초 세고 놔주고 이딴 짓거리 했었는데 ㅅㅂ 이게 맞냐?

생각해 보니까 가슴이랑 엉덩이도 만지고 주물거렸던 거 같음 이거 맞냐?

ㅅㅂ 뭔데 진짜⋯⋯

부친한테 하던 어머니 말씀이 떠오른다. "너

그거 딸이었으면 성추행이야, 신고감이야."

돌겠네 진짜……

아마 트랜스여성이 시스여성에게 강간당할 수 있다고는 인류 전체의 99퍼센트가 생각 안 할 것.

모멸감…… 모욕감…… 멸시당함……

오죽하면 나도 남자한테 강간을 당하고 나서야 시스젠더 여자한테 당한 강간 사실을 인정할 수 있었으니. 그냥 강간당하고 맞고 하면서도 나조차도 '뭐…… 트랜스젠더니까……' 하고 있었음.

지금 생각하면 그레이존이라고 했던 거는 존나 개소리고 모든 경우에 의사 표시 거부 표시 충분히 했음 ㅋㅋㅋ 취해 가지고 헤롱거리는 인사불성인 애 자기 집에서 재워 준다고 데려가 놓고서는 (참고로 나는 진심 진짜로 그냥 진짜 말 그대로 재워 준다는 건 줄 알았음. 취침 ㅅㅂ 근데 당시 주변인들한테 이야기해 보니 니는 중딩이냐고 어떻게 그렇게 순진하냐고 이 ㅈㄹ 하더군요 뭐 제가 개빠가 돌대가리인 거는 명백한 사실이긴 하지만) 싫다는데 지 혼자 만지고 어쩌고 했으면(어쩌고 하는 와중에도 싫다고 표현했음 미친년이 ㅅㄴ 뻔뻔하게 적반하장으로 안 좋냐고 물어봐서 씨발 ㅋㅋㅋㅋㅋㅋㅋㅋㅋ) 강간 맞잖아요? 남자한테 당할 때처럼 힘으로 누르고 제압하고 강제해서 내가 신체적으로 몸부림쳐도 빠져나올 수 없는 상황이 조성되지 않았다뿐이지 아프다 빼 달라 제발 그만해 달라 살려 달라 소리 지르지 않았다뿐이지. (근데 보통 술에 취한 상태를 신체 가누기 불가능한 상황으로 취급하지 않나요? 모르겠다 씨발)

어쨌든…… 여자한테 당하는 게 (인정 못 받을 거라는 사실까지 포함해서) 9000퍼센트 더 모멸스러웠고 우선 그 씨발년들이 말로는 그 지랄해 놓고 절대로 나를 같은 여자로 취급하지 않았다는 사실이(진짜 트젠여남 불문하고 흔한 멘트 '달려 있는데 안 쓰면 아깝잖아~'이 ㅈㄹ 씨발년들 뒤져라 진짜)

진짜 좆까라 그래라 씨발년들아

┼┼┼┼┼┼┼┼┼

토할 거 같음

모르겠음 요즘 시스여성들이 트랜스여성 욕망하는 방식이 너무 역겨움…… 절대로 그 욕망 대상이 자기랑 동성이라고 같은 여성이라고 생각 안 하고 있는 게 너무 명백하고 뚜렷하게 보여서.

'좆 달린 여자'라고 생각 절대 안 함 얘네들 …… '여자 같은 남자'라고 생각하지…… 그냥 얘네는 좆 달리면 남자고 보지 달리면 여자임 ㅋㅋ

ㅋ 뭐 이거야 여자 남자 할 거 없이 시스젠더 전반의 문제겠지만 어떤 부분에서 분명히 수행하는 성별 표현이나 관계적 위치보다 자기들이 생각하는 신체적 본질(성기)에 좀 더 집중하는 경향이 있음. 아마 사회적 지위 및 계급으로 인해 만성화된 입지 싸움(흔히 말하는 '퀸' 싸움, 비켜 요년아~, you can't sit with us) 때문에 남자애들에 비해 여유가 없어서이 겠죠.

근데 '여자 같은' 부분에서 그냥 남자보다는 훨씬 쉽고 만만하고 같잖고 하찮게 함부로 다룰 수 있는 거임…… (사실 정신적으로 여자인 애들이 사회적으론 더 만만하다는 걸 지네들도 아는 거지…… 그러니까 제일 만만한 여자인데 여자인 걸 인정도 못 받는 여자애들…… 어떻게 보면 진정한 의미에서 여자 중의 여자 ㅋㅋㅋ) 니네 남자한테는 절대 안 그러잖아 씨발년들……

참고로 성기는 정말정말정말 어렸을 때부터 싫어했음.

아무래도 나한테 아버지가 이성이었던 듯…… 어머니가 나랑 동일한 존재고.

그러니 2차 성징이 진행되면 될수록 좆같았겠

어요 안 좆같았겠어요. (2차 성징 전에는 그래도 스스로 아버지의 이성으로 위치시키고 어머니와 동일시하기가 한결 덜 불편했던 듯?)

그런 장소에? 내 발로 들어갔으니까? 그레이존이라는 거야? ㅎㅎㅎㅎㅎ

남자한테 당한 걸로는 내 몸이 더럽혀졌다고는 느껴지지 않음…… 하지만 여자한테 당하는 거는 진심 존나 더러워졌다고 모욕당했다고 느껴짐 미친

내가 내가 아닌 걸로 취급받았으니까…… 동등한 존재가 아닌…… 하찮고 열등한 괴물로. 그러니까 그렇게 위협이 가능했겠죠. (이거 여자가 한 강간 얘기 맞음 위협은 있었음)

나 방금 자해 상처로 자위함……

그러니까 자해 상처 아물어 가는 도중에 있는 거 만지는 것만으로 감……진짜 갈 때까지 간 듯 (no pun intended)

사실 자해하면서도 느꼈음…… 원래 진짜 이 정도는 아니었는데.

447일: 3월 10일

『오늘부터 네 자매』 감상.

트젠녀들아…… 결코 절대 시스녀들을 만나지 말아라…… 그들은 절대 너를 (자신과 같은) (동등한) 여자라고 생각 안 한다……

그들은 너가 아닌 것만을 원하고 너가 너가 아닌 것이 되기를 원한다…… 너는 지금 아무와도 안 만나고 있는 것이나 마찬가지다. 지금 그들은 너가 아닌 다른 누군가와 사귀고 있는 것이다. 지금 너가 아닌 누군가가 그들과 사귀고 있다. 그것도 그들은 지금 자신이 만나고 있는 그 누군가로 하여금 너를 갈갈이 찢어발겨 잡아먹어 버리기를 원하고 있다. 너를 향한 존중은 지금 눈곱만큼도 없다. 그들은 지금 너를 좋아하는 것이 아니다. 너에게 관

심 없다. 너를 보고 있지 않다. 단지 오직 너가 아
닌 누군가만을

　　이야 그래도 여기 나오는 애는 기만 안 하고
솔직히 말하니까 그나마 나은 거야. 비열하지는 않
으니까. (그거랑 별개로 이 만화는 정말 좋음)

448일: 3월 11일

먹토가 주는 보상감. 성취감이라고 해야 할지

　고역을 통해 그만큼 무언가 보람 있는? 의미
있는? 생산적인? 값진? (정확히는 이 모든 것들의 반
대지만) 일을 했다는 만족감……

450일째: 3월 13일

부족하고 없는 부분…… 그 공백과 부재, 결여까지 내 몸의 일부라는 점에서 (욕망기관으로서)

몸에서 생산할 수 있는 성감의 양이 정해져 있는 거 같다. 뭔가 충전량이랄지 용량 같은 게 시간이 지나야 채워지고 그거를 자극으로 성감을 생산해서 다 소모하면 다시 충전되기 전까지는 못 느끼는 느낌? 근데 이게 문제가 너무 빨리 소모해서…… 뭔가 천천히 점점 자극해서 성감이 크레센도로 커지는 방식이 아니라 그냥 갑자기 확! 하고 나서는 계속 확! 확! 확! 하고 뒤집어지는 느낌. 그리고 이렇게 뒤집어지면 확 끝나고…… 뭔가 여자애들 깁 줄 때의 방식이랑 좀 다른 거 같아서 뭘까…… 뭐랄까…… 이건 뭘까…… 싶은 느낌.

집 주는 입장에서 순전히 관찰한 값으로는 뭔가 여성 성감이란 점진적으로 증가하고 굉장히 오래 지속되는 방식의(보통 처음에는 그렇게 강하게 느끼지 않고 지속되다…… 되다…… 확! 느끼고 또 지속되다…… 되다…… 확! 느끼고 이런 느낌) 기전이었던 거 같은데 나는 뭐랄까 처음부터 만지자마자 그냥 최대 수치로 확! 시작해서 계속 확! 확! 확! 하다가 갑자기 뚝 꺼지는 느낌이라 그 어떤 증가 감소 이런 곡선 같은 게 없어서 오래 안 가고 너무 짧게 지속되기도 하고 그 충전량이랄지가 원래 최대 수치 허용량이 적은 건지 아니면 너무 빨리 소진되는 건지 암튼 이게 맞나…… 싶음.

잘…… 느끼는 건가……? 근데 너무 짧게 느끼니까 너무 빨리 가고…… 이게 손해인지 좋은 건지조차 모르겠음.(이전의 것들보다는 그 어떤 것보다도 비교할 수도 없을 정도로 좋지만)

군이 비교하자면 페니스 성감이란 비교적 짧은 그렇게 길지 않은 시간 동안 점진적으로 올라가다가 확! 하고 짧으면 순간 길어 봤자 한 3~5초 정도 절정하다가 끝났던 거 같은데(내 경우에는 저 모든 감각이 느끼는 것도 아니고 절정도 아니고 그냥 존나 불쾌감이었음. 어떤 분명 강한 감각이었던 거 자체는 확실한데 너무 끈적거리고 끈끈하고 기분 나쁜…… 불쾌한…… 어딘가 노출된 민감한 점막 부위에 끊임없이 사포를 문지르는 듯한 감각이었기 때문에 결코 좋은 의미의 성감이라고는 단 한 번도 말할 수 없었음. 어쨌든 감각의 증가 감소 자체는 저런 함수를 통해 작동했다는 것) 여튼 이 얘기 자체는 끔찍하지만 지금의 성감 작동 기전은 내가 뭔가 짧다고 느낀다 해도 저 정도로 짧지는, 그러니까 페니스 성감 작동 방식처럼 짧지는 않았다는 것을 얘기하려고…… 저거랑 비교하면은 훨씬 길다 이제는 최소 분 단위기는 하니까.(당연히 성감의 기본 성질, 질감 자체도 존나 다르고) 그냥 내가 봐 왔던 여자애들 오르가즘 지속에 비해서 짧다는 거지.(근데 안 쉬고 5시간씩 하고 그랬으니까 애네들은 좀 비교 대상으로 안 좋은 거 같긴 함 깁 주면서도 도대체 언제 끝나나…… 저쪽에서 케이오를 쳐야 이쪽에서도 끝내는데…… 이쪽에서 팔 아프다고 중간에 내빼기엔 아무래도 가오 상하는데……)

    감각의 경로 차이도 큰 게 페니스 성감은 하체에서 위쪽으로를 아예 안 넘어왔던 거 같은데 호르몬 맞고 나서 성감은 심하면 몸 전체…… 손끝 발끝까지에서 최소한으로 축약하면 머리-눈(좀 이상하다고 생각함. 눈에 어떤 전율에 감각이 이는 게)-

가슴-배(특히 아랫배)-골반 앞쪽 안쪽 깊은 곳까지……(그리고 좌우로 넓게도)

그리고 이 성감은 욱신거림부터 찌릿찌릿함…… 덜덜 떨림 저림 등 (머리가 쨍쨍거리며 울리고) 정말 전기가 통하는 듯한 혁 소리 나는 뜨거운 짜릿함? 전율? 무언가 퍼지는 느낌…… 열인지 전기인지 어떤 분자나 원자 같은 것들이 촤 혹은 팍 하고 퍼지는…… 어떤 몸 안에 심 같은 게 느껴지기도 하고 (열적으로) 그리고 호흡도 굉장히 중요함

경련

452일째: 3월 15일

톰보이[6] 포르노와 펨보이-오토코노코[7] 포르노 사이의 차이. 전자에는 호르몬 맞은 ftm의 몸이 등장하지 않는데 후자에는 호르몬 최소 2~3년은 맞은

---

6   tomboy. 행동이나 젠더 표현, 스타일 등이 '남성적' 기호를 취하고 있음에도 신체는 어디까지나 '여성적'인 형태를 갖추고 있는 존재를 이르는 표현. 톰보이는 스스로를 트랜스로 정의하지 않거나 관련 개념에 아예 무지한 '여성'으로 가정된다.
7   펨보이(femboy)와 오토코노코(男の娘)는 같은 개념을 이르는 서로 다른 단어로 행동, 외모 등 모든 방면에서 '여성적' 기호를 취하고 있음에도 스스로를 트랜스로 명명하지 않고 모호하게 소개하거나 '남자'로 일컫는 가상의 존재를 이른다. 서브컬처 및 포르노 장르 향유자들은 펨보이-오토코노코를 전적으로 '남성'으로 취급한다. 쉽게 말해 '남성'임에도 불구하고 '여성적'인 존재에 대한 포르노그래피적 형상화다.

명백한 mtf-보이모더[8]의 몸이 등장한다. 그러면서도 절대 여자라고 인정도 호명도 안 해 준다.

그러니까 톰보이 포르노는 호르몬 안 맞은 몸을 상대로 미스젠더링하는 차원이라면 펨보이-오토코노코 포르노는 호르몬 진짜 충분히 존나 많이 맞은 몸 상대로도 미스젠더링 하는 것. (이거 쓰면서도 모욕적임 ㅅㅂ)

심지어 여기서 결국 어느 쪽이든 여성성이 거래 및 욕망의 대상이니까라고 단순하게 분석해 내는 것조차 불가능한 게 펨보이-오토코노코는 순전히 여성적 존재만으로 욕망당하는 것만도 아니기 때문에…… (펨보이-오토코노코가 깁 주는 포지션에 있는 수두룩한 수많은 모멸적이고 역겹고 구역질 나는 포르노들. 검색하다가 우연히 발견하는 것만으로도 피부에 벌레가 기어오르는 것 같다.)

그리고 이게 후타나리[9] 장르랑 펨보이-오토코

8   boymoder. 트랜스젠더들이 현재 자신의 성별로 패싱되는 것에 자신이 없어서 오히려 스스로가 먼저 반대 성별 행세를 하고 다니는 행위를 모딩(moding)이라고 이른다. 예를 들어 mtf(male to female)가 남자처럼 보이도록 입고 다니면 보이모더. 이 표현의 등장 자체가 외부로부터 자기 자신이 제대로 인식되지 못하는 트랜스젠더들이 주체성을 회복하려는 시도다.

9   ふたなり. 양성구유에 대한 포르노그래피적 표현으로, 흔히 여

노코 장르 사이의 가장 궁극적인 차이인 듯. (후타: 그래도 여자야~ 이런 짓 저런 짓을 해도 여자야~/펨보이-오토코노코: 그래도 남자야~ 이런 짓 저런 짓을 해도 남자야~)

뇨타[10]도 마찬가지…… 현실 자체에 대한 반대급부. (뇨타: 응~ 이래도 여자야 응~ 저래도 여자야/ 현실: 이것도 저것도 다 여자 아니야~)

어쨌든 여성성이 자연스럽다든지 생득적으로 여겨지는 부분을 훨씬 중요하게 여기며 훨씬 선취하기 어렵고 남성적 입지보다 여성적 입지가 훨씬 진입하기 어렵다. 막말로 탈코가 어렵냐 풀코르셋이 어렵냐?

아니 나는 그래서 펨들이 부치 대하는 것도 싫다. 펨들 부치 성적으로는 욕망하면서 부치들이 부

성호르몬을 맞고 가슴 확대 수술까지 했으나 성기 재건 수술은 아직 받지 않은 mtf의 신체와 같은 형상으로 표현된다. 그 외에 페니스와 질을 둘 다 소유하고 있는 것으로 그려지는 경우도 많다.

10 女体化. 본래 남성으로 설정되었던 캐릭터를 여성 인물로 전환하는 행위를 일컫는다. 해당 인물이 처음부터 여성이었던 것으로 가정하는 선천적 뇨타가 있고, 사후적으로 신체가 '여성적'으로 여겨지는 형태로 전환되었다고 가정하는 후천적 뇨타가 있다.

치짓(남성성 수행 비스므리한 거???)을 자기가 성적으로 소비할 수 없는 방식으로(흔히 부치 스스로의 자기만족적 수행 행위) 하면 존나 '우습게' 생각하잖아 경멸하고. 진짜 '펨'들(레즈비언이든 아니든 여성적 여성 전체) 트랜스 계열 혐오 존나 심함. 솔직히 '여자'가 남자짓 한다고 같잖다고 꼴사납다고 주제 넘는다고 주제도 모른다고 생각하는 거 아니야 부치 보고서는

아니 나 펨혐 진짜 심함 펨들 진짜 싫음 씨발 (특히 자기 스스로 펨이라 말하며 본인의 펨성을 자랑스럽게 여기고 펨성 존나 일부러 과시하고 펨성에 취해 있는 새끼들(여혐 게이랑 근본적으로 다를 바 없다고 생각합니다.))

그리고 이거 웹툰 『꽃을 든 여자』 보면서도 느꼈음…… 그 웹툰 자체가 우선 위에서 말한 펨보이-오토코노코 프레임으로 트랜스펨 착취하는 것의 모. 든. 부문을 정말 말 그대로 최대한으로 수행하고 있음에도 또 한편으로는 의외로 dl[11] 체이서[12]

---

11   down low. 자신이 누군가를 만나고 있다는 사실을 외부적으로 숨기는 상태를 일컫는다. 흔히 체이서들이 자신이 트랜스젠더를 만나고 있다는 사실을 사회적 지위나 입지 때문에 숨길 때 사용된다.

12   chaser. 트랜스젠더'만' 만나려고 하는 이들을 일컫는 표현. 흔히 트랜스젠더의 신체 특징들을 페티시화해 만나려고 하는 경

의 문제는 꽤나 진지하게? 중요하게? 잘 다루고 있
음 근데 이 모든 것보다도 진짜 제일 열받는 게 여
주의 본인 펨성 과시임 진짜 지랄 좀 ('아~ 내 넘쳐
나는 펨성~ 정말 피곤해~'이 ㅅ로까지 치달은 수준
의) (주위의 관심~ 피곤해~ 귀족 영애 공주의 그저 아주
조금 변주된 버전)

아니 도도 까칠 좋음 근데 그걸 남자한테 가서
해야지 왜 여기까지 와서 지랄이냐고 개씨발년아

웹툰『꽃을 든 여자』를 영업하는 인터넷 커뮤니티
글의 제목: 만화-이쁜.조신.장발남주 좋아하면 꽃을
든여자 봐줘~~~!!(토템의 영역작가님)[13]

너네한테 남자 소리 들으면서 조신까지 해야
하니.

어디서 그랬더라? 해로운 트랜스 재현 중에
또 하나가 '남성사회화(male socialized)' 되어서 바
운더리 모르는 포식자로 그려지는 거라고? 이것마
저도 여기에 딱 맞음 진짜 이 웹툰은 안 하는 게 없

우가 많다. 한국에서는 다른 말로 '러버'라고 불리기도 한다.
13 https://www.dmitory.com/comic/206603801/.

음 트랜스혐오 중에

아 그리고 간혹 펨들도 펨 수행 하는 거 쉬운 일 아니다 힘들다 하면

시스 수행이랑 트랜스 수행이랑 같니? 왜 그럼 남자들도 시스 남자 애들 가만히 남자 수행하느라 고생 많다고 엉덩이 두드려 주지 그래 (실제로 현 한국 가부장제 사회는 그렇게 하고 있죠. (아들 엄마로 대표되는 ㅋㅋㅋ))

아니 그리고 미디어 및 전반적으로 트랜스여성에 비해 트랜스남성이 가시화 안 된다고 하는 거 이건 진짜 불평할 게 없는 게 남성성 자체가 원래 눈에 잘 안 띄고 덜 띔. 뭔 소리임. 남성성은 '당연한' '디폴트'인 걸로 여겨지고 여성성은 그렇지 않은 게 페미니즘의 기본 문제 제기 아님? 당연히 실패한 여성성도 실패한 남성성보다는 눈에 잘 띄겠죠. 이 사람들아 정신 차리세요. 무슨 트젠녀가 지금 좋은 방향으로 눈에 띄는 거냐고 장난하나.

(femboy와 female, shemale과 woman은 근본적으로 전부 같은 방식으로 조어되었다는 통찰이 기억남.)

453일째: 3월 16일

학교에서 나 혼자 여자고 나머지 다 남자야.

근데 얘네들이 막 아무렇지 않게 터치하고 말 걸고 시비 걸고 장난치고 놀리고 해. (생각해 보면 자기들끼리는 아무렇지 않게 하는 거)

그러면 당연히 모두에게 욕하고 때리고 화내고 싸우고 하지 않을까? 모두를 적으로 돌리는 게 당연한 거 아닐까? 니들이 뭔데 나를 건드려? 미쳤어? 죽고 싶어???

어쨌든 그 당시에도 나는 스스로를 정체성으로든 위치적으로든 신체적으로든(본인 신체의 바운더리를 감각하는 방식 등등) 어느 면에서든 간에 절대적으로 여성적 존재로 느꼈으니까…… 막말로 그 상황에서 (일반적으로 흔히) 여성적으로 인식되는 태도를 취하는 게 더 이상한 듯. 아니 오히려 이게 진짜 여자 같은 거 아니야? 진짜 여자면 당연히 이렇게 하지 않을까요? 존엄적으로???

내가 니네랑 닿거나 친해지고 격 없이 지내고 싶겠냐고 미친 호로새끼들아…… 진짜 죽을라고 어딜 기어올라 와 씨발

아 씹 근데 (여자 상대로) 부당한 일 당해도 화도 못 내고 과격하게 말 못하는 거 (이게 조절하는 거임) 생각해 보니까 존나 빡치네 왜냐면 내가 조금만 화내고 조금만 과격하게 굴어도 뭔 소리 들어올지를 너무 잘 아니까

'와!!!!!! 남자가 화낸다!!!!!!!! 남자라서 폭력성은 어쩔 수 없구만!!!!!!!!! 역시 염색체는 못 속여!!!!!!!!!!!! 분조장은 자지 종특!!!!!!!!!!!!!!!!'

그래…… 여자는 화도 못 내고 폭력성이라고는 눈을 씻고 찾아봐도 없는 무해하고 무력하고 무방비한 천성적으로 평화로운 존재예요.

한 트랜스여성이 터프 다수에게 살해 협박을 받고 "그럼에도 우리가 폭력적인 남성인 거군요. 잘 알겠습니다."라고 응대하는 트윗을 봄. 살해 협박의 자세한 내용은 다음과 같다. "뒤를 조심해라

젠신병자년아. 너가 '만약에' 좆이 잘려서 항문에 처박힌 채 하수구 안에서 발견되면 참으로 슬프겠지.' '사람을 보내서 너의 후장이 늘어지고 피가 철철 흐를 때까지 강간하도록 할 거다. 너의 좆은 잘라서 돼지에게 먹여 주지. 너는 그냥 똥꼬충년이고 지금 하는 대로 계속 행동한다면 곧 **죽은** 똥꼬충년이 될 거야. 너희 어머니가 얼마나 슬퍼하시겠니?"

454일째: 3월 17일

사람들 우선 기본적으로 트젠녀가 당하는 폭력은
'당해도 되는 폭력'이라고 생각함. 그런 종류의 재
현이 너무 많음……

영화계에서의 퀴어 재현을 다룬 다큐멘터리
'더 셀룰로이드 클로짓'에서 각본가 론 나이스워너
는 다음과 같이 회고한다.

"극장에서 '형사 콤비 후리비와 빈'을 보는데,
주인공이 총을 꺼내 복장전환자의 몸에 총알구멍
을 500만 개 정도 뚫어 죽여요. 이때 관객들이 환
호하며 박수갈채를 보내더라구요."

455일째: 3월 18일

나는 대학교를 입학하고 얼마 정도 있다가, 이미 내가 트랜스젠더라는 사실을 밝히고 '언니'라고 부르고 있었던(그리고 내게 그렇게 부르게 해 줬던) 동기들이 ○○학번 '여자들' 단톡방을 가지고 있었던 것들 기억한다. 당연히 거기 나는 없었다.

시스젠더 여자들이 겉으로는 내가 여자라는 것을 이해(혹은 인정)해 주고 자기들과 같게 생각해 주는 척하지만 속으로는 전혀 그렇지 않았던 경우가 얼마나 많았는지……

내가 요즘 이런 생각을 더 많이 하게 되는 이유는 오히려 호르몬 덕분에 자아 존중감이라는 게 생겨나서 그런 듯…… 그전에는 어떤 취급을 당해도 얼마나 개무시당하고 기만을 당해도 그냥 아무

생각 없이 그런가?(사실 눈치는 있었지만 그냥 넘어간 거) 헬렐레~ 이랬던 건지…… 왜냐면 그렇게라도 넘어가지 않으면, 내가 일일이 따지거나 내 존엄을 조금이라도 주장한다면 곁에 가장자리에도 못 남아 있었으니까…… 사실 내가 그들 옆에서 그들에게 자신들과 나를 같게 생각해 달라고 할 '권리'는 없죠. 어디까지나 원래부터 걔네가 나를 옆에 있게 '해 주는' 거일 뿐임. 나는 이제 걔네가 나한테 그렇게 해 주시는 거에 대한 필요를 진짜 좆도 1도 못 느끼겠는 것일 뿐이고…… ㅇㅇ 안 해 줘도 됨 이젠 나도 니네 옆에 있기 싫음.

그니까 여자 체이서들 그냥 '특이한 거', 사회적으로 '낮은' 거 옆에서 자기는 정상적이고 사회적으로 '멀쩡'한데, 그 특이하고 사회적으로 ㅎㅌㅊ인 거 옆에 있어 주는 것만으로도 자기가 '손해 봐 주는' 거라고 생각하고 아주 좆도 무슨 은혜를 베풀어 주시는 것처럼 생색내는 거임.

그러니까 '나도 내가 무슨 생각하는지 모르겠어~ 나도 내 마음을 모르겠어~' 이 ㅈㄹ하지. 니 그냥 특이한 거 니 개성에 하나 곁가지로 더할 수 있는 (근데 절대 포함시키지는 않을 수 있는 거리에서) 토큰으로 좋아서 니 그 잘난 흥미 때문에 껄떡거리는 거잖아. 어떻게 이 상황에서도 여주가 되고 싶고 모든 드라마의 중심에서 퀸이 되고 싶은 건데 개미친새끼들.

그렇다고 무슨 지가 처지를 공유해 주는 것도 아니고…… 어떻게 자기가 진짜로 같이 '낮아질' 것도 아니면서 (애초에 실질적으로 그럴 수도 없으면서) 자기가 나를 좋아한다는 것만으로도 자기도 어느 정도 '낮아져 주는'(그러니까 '좋아해 주는' 것 같은 말을 쓰지 미친년들) 거라고 생각을 하냐고 니 그 '좋아하는' 마음이 뭐 막 무슨 그렇게 대단한 거냐고 존나 엄청나고 위대한 거라도 되는 거라고 생각하는 거냐고 제발 수준 파악 좀

힘든 게 내가 힘들지 니가 힘드냐고 미친년아……

이거 '필 굿'에서 조지가 메이한테 하는 거 그대로임 ㄹㅇ…… 신분을 넘어 천민과 결혼해 주는 공주 취급 ㅋㅋㅋㅋㅋㅋㅋ 얼마나 비극의 비련의 여주인공이 되고 싶으면……

'만나 준다'고 말하는 새끼들 다 이 모양

니가 만나고 싶어서 만나지 누가 니한테 만나라고 강요하니?????

1월 25일 일지 내용 생각. 이거 근데 아무리

생각해도 계속 '더' 힘들고 괴롭고 고통스러워하며 번민과 고뇌에 빠져 있어야 된다는 강박이 스스로에게 있는 듯…… (물론 안 힘든 건 아닌데)

근데 안 힘들 수 있는데 구태여 힘든 거라는 임포스터 신드롬도 또 한편 있음…… 힘듦을 느끼면 자동적으로 반대로 안 힘듦도 그 상태에 가능한 거 아닌가, 굳이 안 힘들려면 안 힘들 수도 있는 거 아닌가 하는 생각이 듦…… 내 감정과 마음을 내 마음대로 할 수 있다는(왜냐면 실제로 어느 정도는 그러니까?) 생각 때문에 그런 듯

물론 그럴 리가 없지만……

가슴속과 내장이 뒤틀리는 것 같고 머리가 아찔한데도 그런 생각이 든다. 이상함

충격 마비 경직 stroke petrified stupefied rupture 한 대 얻어맞은 듯한 후두부 가격

일본 '성적지향 및 성정체성의 다양성에 관한 국민의 이해 증진에 관한 법률'에 반대하는 사이타마현 후지미시의원 카가 나나에의 트윗. 해당 트윗은 1000 리트윗이 넘으며 대한민국 터프들에게 많은 도움과 영향을 받았다며 감사를 표하고 있었다.

완전 백과사전이네.

근데 그래서 저런 얘기 하는 목적이 뭐임? 트젠들 그냥 다 자살하라는(알아서 자살해 달라는) 얘기밖에 더 됨? 님이 그렇게 말 안 하셔도 이미 충분히…… 근데 또 저런 수준의 논의가 대중 차원에서는 분명히 (그것도 아주 잘) 먹힐 거라는 게……

카가 나나에의 트윗에 '감명'을 받은 국내 터프들의 다양한 반응 중 제일 인상 깊은 트윗: "응~ 트젠은 정신병자야~ 페미니즘은 원래 생물학적 여성 전용이야~ 셀프거세한 여유증 내시들까지 신경 써 줄 필요 없거든~"

만화 『히메고토 ~열아홉 살의 제복~』이 진짜 좋은 점. 언뜻 위에서 좆같다고 말한 구도처럼 보일 수도 있지만 모두가 젠더의 밑바닥에서 구르고 있기 때문에 누가 누군가를 얕보고 낮잡아 보고 깔보고 자기가 위에 있는 듯이 우월하다는 듯이 우쭐거리는 태도로 구는 일이 일어나지 않음. 모두가 젠더 엉터리들. 무엇보다 그 누구도 정상성에 거주하는 일이 없고 정상성을 점유하는 일도 없고 따라서 필요할 때 정상성으로 후퇴해서 정상성을 무기로 삼는 일도 없음.

아무튼 모두가 모두에게 동등하게 '놀고 싶다',

'같이 있고 싶다'인 거라 어느 누가 같이 있어 달라고 매달리고, 다른 이들은 여유 있게 '받아 주고', 같이 '있어 주고' 이런 구도가 아니니까.

459일째: 3월 22일

펨보이-오토코노코는 여자들에게 여자인 존재, '여자들의 여자'임……

펨보이-오토코노코를 통해 트랜스혐오를 하는 방식은 여성혐오와 작동하는 기제가 같다.

'천하고 저급하고 저속하고 저열한', 그리고 '순종적이고 교배 가능한'[14] 즉 '여성적인' 존재이기 때문에 주위에서 말하는 대로 다 들어야 하며 또 연약하고 나약하고 빈약한 신체로 신체적·성적 폭

---

14   submissive and breedable. 흔히 펨보이를 일컬을 때 사용되는 밈으로 인터넷 밈 백과사전 Know Your Meme에 따로 문서가 개설되어 있다. 해당 페이지의 전면에는 과거 펨보이 컨셉으로 방송을 했다가 현재 트랜스젠더로 커밍아웃한 스트리머의 이미지가 올라와 있다.

력을 당하며 반항도 하지 못하는 무력한 존재이지만('여유증 내시') 어디까지나 '남자'이기 때문에 본질적으로 '포식자'=아다창녀.

463일째: 3월 26일

자해를 하면서 내 상처가 너무 얇고 짧다는 생각
…… 더 깊고 더 길게 그어야만 더 '진짜'라는 생
각……

467일째: 3월 30일

자신의 '남자친구'가 자신한테 트랜스여성으로 커밍아웃 했는데 자기도 '바이'이고 어린 시절 젠더 정체성을 탐구한 경험이 있으니 '열린 사람'이지만 그럼에도 자신은 '그'가 트랜지션하지 않길 원하고 계속 그녀를 'he'라고 부르며 그럼에도 자신은 그녀와 헤어지고 싶지 않고 결혼까지 하고 싶다는 내용으로 시스젠더 여성이 작성한 게시글. 그리고 너무나 많은 트랜스여성들이 저 게시글에서 언급되고 있는 바로 그 트랜스여성의 입장은 자신들도 지겹도록 겪어 왔던 일임을 고백하며 트랜스여성이 커밍아웃 했을 때 교제하던 시스젠더 여성들이 맨날 빠짐없이 저딴 방식으로 반응하는 게 어째서 개 좆같은지에 대해 토로하는 트윗들을 봄.

토로 내용 1: 시스젠더 여성들은 상대 트랜스여성이 '안전하고' 전형적 젠더 역할을 따르지 않는다는 이유로 만나면서도 (이 모든 것은 트랜스여성이 여성이라는 이유에서 가능한 것임에도 불구하고) 그들에게 남성성을 연기하기를 요구하고 자신의 이성애 소꿉놀이에 맞춰 주기를 강요함.

토로 내용 2: 특히 자신도 바이라든지 어린 시절 젠더 정체성에 대해 고민해 봤다든지 하는 등을 꼭 없는 부분은 '나는 사회에 순응하고 어른이 되었으니 너도 계속 나와 관계를 유지하며 정상성을 수행해서 이성애 부부에게 보장되는 사회적 안정성과 특권을 나에게 제공해라(심지어 실제 이성애자 남성과 만난다면 이것은 가부장제가 선전한 어불성설의 환상에 불과함에도)'라는 함의를 담고 있음. (자기가 트랜스여성과 만나는 동성애 관계에 있다고 생각하면 저 실재하지도 않는 환상을 박탈당한다는 어떤 허황된 손익 관계에 따라)

토로 내용 3: 이 시스젠더 여성들은 마치 자신이 만나던 '남자'를 잃은 것처럼 억울하다는 듯이, 자신이 무슨 손해라도 보는 듯이, 희생이라도 하게 되는 듯이 구는데, 여기서 이 시스젠더 여성들은 사실 지금까지 남자를 만나고 있었던 게 아니라 그저 상대 트랜스여성에게 자신과 사회가 씌운 남자라는 가상, 환상을 만나고 있었을 뿐 실제 그 트랜스여성과는 단 한 번도 만난 적 없는 것이라는 점. 그리고 그러한 상태에서 시스젠더 여성들이 상대 트랜스여성에게 트랜지션을 하지 않기를 요구하며 자신과의 관계를 유지하기를 원하는 것은 단지 불행과 거짓을 강요하는 것에 불과하다는 점.

토로 내용 4: 자신이 상대 트랜스여성을 '좋아한다'고 말하지만 토로 내용 3번에서 말했듯이 정말 그 사람 자체를 좋아하는 게 아니라 단순히 자기 머릿속에 있는 그 사람에 대한 (자신이 원하는) 이미지를 좋아하는 것일 뿐이라는 점. 그럼에도 자기가 좋아하는 마음이 뭔 대단한 거라도 되는 양 유세 떠는 점.

토로 내용 5: 애초에 무슨 자기가 트랜스여성에게 맡겨 놓은 게 있는 것처럼, 그러니까 트랜스여성이 자신한테 남성성을 연기해 주는 게 원래 자신에게 마땅히 주어져야 하는 건데 더 이상 제공하지 않겠다니까 뭔 부당한 일이라도 자기가 당하는 것처럼 구는 점.

471일째: 4월 3일

몸의 살끼리 닿거나 부딪힐 때 기분이 좋다…… 몸에 살이 없어 본 건 아니지만 이렇게 부드럽고 말랑한 살이 있어 본 적은 없어서.

475일째: 4월 7일

아버지가 내 팔목인지 발목인지를 붙잡고 한 손으로 감싸진다면서 왜 이렇게 얇냐고 한 적이 있다.

아마 인생에서 가장 꼴렸던 순간 TOP 3 안에 들 것이다.

476일째: 4월 8일

여자 작가가 그린 펨보이-오토코노코 만화랑 남자 작가가 그린 펨보이-오토코노코 만화랑 충분히 다 본 결론은: 아…… 트랜스펨은 여자 성욕이고 남자 성욕이고 그냥 다 받아 줘야 되는 진짜 말 그대로 만인의 변기 섹스토이 장난감 시종 몸종 하인 노리개 취급이구나…… 거기다가 비위까지 맞춰 줘야 됨…… 미친……

근데 그 와중에도 여자애들은 확실히 자기들보다 지위 낮은, 열등하게 취급할 수 있는 애들이 필요해서 펨보이-오토코노코 찾는 거긴 함…… 진짜 100프로 굴절 혐오

젠더 규범을 침범하지 않는 선에서…… 꼴리는 건 즐기고 싶고…… 그치?

여자 체이서 기준으로는 '절대로 자신과 같은 존재라고 인정해 주고 싶지 않음. 그러나 끌림. 따라서 남자이기를 요구함.' 이거잖아?

최근 일본 동인에서는 여장 남자 말고 암컷 남자, 마마 남자 이런 말도 쓰더라고 진심 장난하냐.

시스젠더 여성과 시스젠더 남성 모두 트랜스여성 캐릭터를 재현하거나 트랜스여성 자체를 대상화할 때 '자신과' 다른 부분을 강조하려고 함. 그러므로 시스젠더 여성이 트랜스여성 캐릭터를 재현하거나 트랜스여성을 대상화하는 방식이 상대적으로 훨씬 야마 돌 수밖에 없다.

이렇게 말은 하지만 솔직히 나는 여자 작가가 그린 여성향 포르노만을 본다…… 그것도 딱히 여자 작가 작품을 찾아보는 것도 아니고 괜찮다 싶어서 보면 다 여자 작가 작품이다…… 어쩌면 이 모든 게 남자 작가 작품을 안 보고 여자 작가 작품만 봐서 생긴 일일지도…… 그니까 제발 트젠녀는 그 따위로 그릴 거면 차라리 안 나왔으면 ㅠㅠ 아니면 제대로 여성향 포르노의 다른 여자들처럼 그려 주던가…… 정말 그냥 다른 여자들 중 하나로 그려 주기만 해도 문제가 없는데 왜 씨발 트젠녀한테 남

자 역할을 시키냐고. (왠지는 너무 잘 알지만…… 씨발 도대체 얼마나 남자 취급을 하길래)

477일째: 4월 9일

그것도 그렇고 우선 여성성 자체가 베타와 독점으로 이루어지기도 하고…… '퀸'이나 '여주'로 대표되는 차별화의 영역…… 같으면 안 되고 달라야 하니까…… 쉽게 말해 '남자가 보는 여자' 그리기가 '여자가 보는 여자' 그리기보다 훨씬 쉽다는 얘기도 되겠죠.

그리고 여자애들이 어디서든지 무슨 얘기든지 자기 얘기로 만들고 자기 자아를 끼워 넣으려고 하는 자기 삽입(self-insert)의 특징도 있음……

현호정 에세이 「쿠키의 도전: 소설가맛 쿠키 편 02. 블루파이맛 쿠키」를 읽었다. 어린 시절 자신이 다른 동년배 어린이들보다는 어른처럼 느껴져 '트렌스젠더'의 유년기 경험에 깊이 공감한다고 하더라.

여자애들이 트랜스젠더를 너무 우습게 생각한다……

앞서 말했던 것처럼 남자들은 아예 트젠을 완전한 타자로 생각하고 뭐 아예 자신과 완전 무관한 존재(아니면 성애의 대상) 정도로만 생각하는데 (그니까 여성.을 대하듯) 여자애들은 여기서도 자기가 주인공이 되어야 해서 트랜스젠더의 특성마저 자기의 것으로 선취하려고 함???????

그니까 그렇다고 트랜스여성을 여성으로 인정하고 뭐 이러는 것도 절대 아님. 명백한 타자로 놓고 그 타자의 어떤 매력적으로 보이는 부분만 자기가 취하고자 하는 욕망임. 절대적으로 자기랑 다른 존잰데 그 존재의 어떤 바로 그 타자적 차이점? 차별점? 독자성?만 가져가고 싶은 거 아주 도둑놈 심보죠 씨발

그 특이성 자체가 사실 타자로서 여성성에 기여하는 건 언제나 가능하거든 ㅋㅋㅋㅋㅋㅋㅋㅋ 그니까 탐나는 거 자체는 어찌 보면 당연한 거지

아니 그래. 시스젠더 여성이 스스로와 불화하는 거를 가지고 그렇게 트랜스젠더의 디스포리아에 비비고 싶으면 제발 테스토스테론 좀 맞아 보라

고 하고 싶음.

　'아 그래도 털은 싫은데.'

　털이 싫은 게 여자라고 빡대가리야 ftm들은
털 나면 그 털 좋아한다고 (털 자체에 대해서는 개인
차가 물론 있겠지만 여기서는 우선 호르몬이 가져오는
차이에 대한 대표적 예로 우선 털을 가져와 봄. 이게 반
응이 제일 확실해서) 지금 자기 몸에 털이 없는데 그
자기 몸에 털 없는 게 싫은 게 디스포리아라고 그
래서 털이 나서 해결되는 게 디스포리아고

　'내 몸에 털 없음-근데 털 없는 게 좋음' 이걸
디스포리아가 없다고 하는 거라고 돌대가리들아

　'내 몸에 털 없음-호르몬을 맞아서 털이 나는
생각을 하니 싫을 것 같음' 그 싫을 것 같은 게 니
가 털이 나면 털에 대해 디스포리아를 느낄 거라
는 얘기라니까????? 왜???? 너는 남자가 아니니
까!!!!!!!! 그게 여자라고!!!!!!!!!!!! 그리고 너는 실
제로 맞지도 않은 호르몬을 고작 상상 속에서야 맞
는다면 생겨날 것으로, 그리고 디스포리아를 일
으킬 것으로 가정된 그 털이 지금 실.제.로.는. 없
기 때문에 디스포리아를 안 느끼는 거고, 그게 시
스젠더 여성이라고 하는 거고!!!!!!!!!!!!!!! 아아
악!!!!!!!!!!!!!!

너가 그런데 만약에 실제로 테스토스테론을 맞았어. 그래서 털이 났어. 그런데 그 털이 너무 좆 같고 혐오스러워. 그러면 이게 디스포리아고 이게 트랜스가 느끼는 거라고…… 근데 너는 호르몬을 맞지도 않았고 당연히 그래서 털도 없고 있지도 않은 털에 대해 혐오감을 느낄 일도 없잖아 그게 시스젠더라고 멍청아……

'내 몸에 털 없음-근데 털 없는 게 좋음' 그걸 자기 몸을 사랑한다고 하는 거다…… 그게 자기 자신을 사랑한다고 하는 거야 이 빡돌 새끼들아

하…… 그냥 진짜 테스토스테론 맞아 보란 얘기 말고는 해 줄 얘기가 없다. 어떻게 진짜 저렇게까지 모든 것에서 자기가 주인공이지 않으면 안 되지??? 저 근본적인 과대망상은 도대체 뭐임???

drama queen이라는 게 정말 빈말이 아니라……

아니 당연히 세상은 '내' 중심으로 돌아가지…… 내가 '나'니까…… 내가 내 인생의 주인공이고 내가 내 이야기의 주인공이 맞다고 근데 남의 이야기와 남의 인생에서까지 주인공이려고 하는 게(주인공이 아니고서는 못 배기는(못 견디는) 게) 존나 문젠 듯 (홈랜더: "모든 일의 중심엔 내가 있다니까

(It really is all about me).")[15]

　'남의 이야기를 보고 우는 나……' 여기서 '남의 이야기'가 중요한가요 '우는 나'가 중요한가요?

　'나 자신의 인생 (혹은 경험(혹은 기억)) 때문에 욺' 여기서는 양쪽 똑같이 중요하지. 둘 다 주체가 나니까. 근데 남의 얘기는 얘기의 주체-발화자와 청자가 다르잖아???

　아니…… 걍…… 전 인류한테 트랜스고 시스고 구분 없이 다 호르몬 맞히는 게 유일한 해답인 듯. 그래야 트랜스가 뭔 줄을 상상이라도 하지 시스 이 씹새끼들이.

15　Eric Kripke, 'The Boys'(2019), Season 3, Episode 6.

정신분석: 여성과 저항성

정신분석에서 남자들은 '남근 기능'에 전적으로 종속된다. 여기서 남근 기능이란 아버지의 명령 "안돼!"다. 즉 하지 말라고 하면 안 하는 것. 법과 도덕, 규칙, 위계, 관습, 체제, 언어 등에 의심 없이 따르는 것이다.

반면 여자들은 남자들과 달리 남근 기능에 전적으로 속박되어 있지는 않다. 남근 기능이 여자들의 경우에도 아예 작동을 안 하는 것은 아니지만 여자는 남근 기능에 절대적으로 지배당하지는 않는 것이다. 즉 여자는 언제나 법과 명령에 의문을 제기하고 저항하며 탈주할 가능성을 지니고 있다.

다른 말로 남자는 그 자신의 경계나 한계를 포함하는 '닫힌 집합'이고 여자는 자신의 경계나 한계를 포함하지 않는 '열린 집합'이다. 그리고 여기에 여자가 여성성에 의문을 던지고 스스로와 불화하는 원인이 있다. 언어에는 '비전체로서의 주체'인 여성이 자기 자신을 설명할 기표가 없기 때문이다.[16]

이 의문과 불화가 바로 법 밖으로 탈주할 수 있는 단서다. 존재하지 않는 실재에서의 탈존. 언어의 잉여. 한글 어감상 잉여라고 하면 어딘지 부정적인 느낌이 있지만 결국 '더' 있다는 것이다. 극장판 '소녀혁명 우테나'에서 두 주인공이 세계 너머의 다른 곳으로 떠났던 것을 떠올려 보자.[17]

참고로 남근 기능이 **전적으로** 작동하지 않는다면 그는 정신증자다. 우리가 이 탈주 가능성으로 남성성, 여성성을 따진다면 정신증자만큼 '여성적인' 이들도 없을 것이다. 여성에게 전형적인 특징이라 할 수 있는 잉여가 신경증자에게는 일시적으로만 출현하는 반면 정신증자에겐 매우 오랫동안 지속되기 때문이다.[18]

16   브루스 핑크, 이성민 옮김, 『라캉의 주체』(도서출판 b, 2010), 200~211. 216, 232쪽.

17   세르주 앙드레, 홍준기 외 옮김, 『여자는 무엇을 원하는가?: 히스테리, 여자동성애, 여성성』(아난케, 2010), 360쪽.

18   브루스 핑크, 맹정현 옮김, 『라캉과 정신의학』(민음사, 2002), 176쪽.

480일째: 4월 11일

옛날엔 수요가 있다는 사실에 만족했지만 이제는
그렇지 않죠……

481일째: 4월 13일

처음으로 나는 살고 싶은 삶이 생긴 거야. (외국의
젊은 트랜스젠더들을 보며)

근데 그건 불가능한 거지.

482일째: 4월 14일

한 시스젠더 여성이 남편과 오픈 릴레이션십을 하자고 본인이 먼저 제안해 놓고 남편이 그 이후로 트랜스여성들을 만나자 '나는 그에게 그렇게 변태적인 면이 있을 줄 몰랐다……' '나는 그가 다른 보통 여자들을 만날 줄 알았다……' '그는 줄창 트랜스여성들만 만나고 단 한 번도 '여자'를 만나지 않았다……''나는 그에게 왜 나와 같은 여자한테 매력을 느끼지 않는 거야?라고 소리지르고 싶었다……' '그가 다른 여자에게 매력을 느끼지 않는다면 나에게도 매력을 느끼지 않을 것이라고 생각되기 시작했다……' '너무 화가 나서 밤마다 울었다……'고 쓴 글을 봤다.

왜 시스젠더 여자들은 남자가 자기를 보고 서

지 않을 수도 있다는 사실을 못 견딜까?

트랜스젠더한텐 일상인데…… 씨발……

심지어 남자가 시스젠더 여성 본인한테는 안 서는데 트랜스젠더 여성한텐 선다고 하면 개지랄 함 뭔데 진짜 지를 뭐라고 생각하고 이쪽은 또 얼마나 낮잡아 보고 열등하게 보는 건데

그리고 사실 시스 여성들은 근본적으로 페니스 달려 있으면 그냥 다 남자라고 생각하기 때문에 자지가 자기 앞에서 안 서는 것 자체를 못 받아들이고 못 견디는 거임 진짜 웃김 얼마나 자기애가 강하면. 그걸로밖에 자기 증명을 못 하는 건가? 무슨 원숭이도 아니고 ㅋㅋ

하긴 남자들도 나이 처먹고도 세우는 거에 지목숨 걸어서 뭘 발기부전이네 정력이네 맨날 이딴게 장사가 계속 잘 팔리는 거겠지 아니 근데 아무리 그래도 여자들도 그 레벨로 내려가 있는 건 진짜 나는 좀 씨발

내가 트젠이라서 자존심이랑 존엄을 박탈당하는 데에, 멸시랑 무시에 익숙해서 그런가? (혹은 애초부터 짓밟힐 자존심이나 존엄 따위가 없는 걸지도 ㅋㅋㅋ)

근데 또 이런 와중에 여기다 대고 시젠녀들이

지랄하면 진심 이쪽에는 자존심도 존엄도 없다고 생각하는 거냐(방금 없다고 해 놓고(아무리 그래도 마지막 밑바닥에 눌어붙어 있는 자존심이…… 그니까 본인이 그렇게 생각하는 거랑 그렇다고 남 쪽에서 지랄하는 거랑은 아무래도 다르니까 ㅎㅎ……)) 되는 거죠

왜 사람들은 상대가 자신의 욕망에 부응하지 않아도 된다는 사실을 모를까……

자신의 욕망은 그 상대에게는 전혀 아무 상관도 없고 무관하다는 사실을……

483일째: 4월 15일

이란은 여성성을 너무 열등한 것으로 보고 남성성을 우월한 것으로 인식해서 트랜스젠더도 여성성을 선택한 mtf가 남성성을 선택한 ftm보다 훨씬 인권 및 처우, 사회적 인식과 수용 수준이 낮다는 내용의 논문들을 봤다......[19·20·21]

19   Saeidzadeh, Z.(2020). "Are trans men the manliest of men?" Gender practices, trans masculinity and mardānegīin contemporary Iran. *Journal of Gender Studies*, 29(3), 295~309.

20   Saeidzadeh, Z.(2023). Trans women's status in contemporary Iran: Misrecognition and the cultural politics of aberu. *Sexualities*, 0(0).

21   https://www.rudaw.net/english/middleeast/iran/270620231

484일째: 4월 16일

그날 얼마나 아팠는지가 기억남⋯⋯ 진짜 웃기지
만 비엘 소설 묘사처럼 몸이 반으로 찢어지는 듯한
아픔이었는데 이걸 왜 괜찮다고 그럴 수도 있다고?
그래도 된다고? 그런 일을 당해도 된다고? 생각했
을까⋯⋯

그리고 어린 시절 아버지한테였는지 누구한테
였는지 잡힌 거였는지 눌린 거였는지 하여튼 몸을
움직이거나 반항하는 게 불가능해서 그저 포기하
고 몸에 힘을 풀고 그 속박과 압박에 몸을 맡겼던,
그리고 그 압력을 받아들이며 기분이 좋았던 쾌감
이라고 해야 할까 성감이라고 해야 할까 가슴 부근
부터 퍼져 나와 몸 전체에 감도는 따뜻하면서도 부

드러우면서도 묵직한 아늑함……이라고 해야 할지

　정신이 산란하고 집중이 잘 안 된다…… 만성
공황일까

　어느 정도 이상의 고통을 받으면 몸에 힘이 풀
리면서 아무런 행동도 할 수 없고 근육에 힘이 들
어가지 않고 몸을 움직일 수가 없는, 그저 나에게
가해지는 것들을 받아들일 수밖에 없게 되는……
속수무책? 손을 쓸 수가 없게 되는? 손 놓게 되는?
속절없이? 그냥 맥이, 의지가 탁 풀려 버린다고 해
야 할까…… 무력화? 트랜스(trance)? 상태에 빠지
게 되는 거……
　근데 이러면서 위에서 말했던 눌릴 때에서 느
꼈던 것과 같은 종류의 쾌락을 느끼게 되니까……
사로잡힌다고 해야 할까?

487일째: 4월 19일

지금 세 달 동안 2주 간격으로 호르몬 주사를 맞았는데 해외의 트랜스들이 하는 말에 따르면 2주 간격으로 맞아서는 '절대' 안 되고 최대 1주 간격으로 짧으면 5일 간격으로 맞아야 된다고 하더라……

　　실제로 주사를 맞고 1주일 뒤부터 상태가 급격히 악화되기 시작해서 다음 호르몬 주사를 맞기 전날엔 진짜 최악의 상태를 찍는데 안 그래도 이러한 상태 변화 때문에 계속 주사 주기에 대해 걱정을 하고 있었고 이번 주 화요일 마침내 세 달째가 되어 진료에 가서 의사에게 상태를 전했다. 그러나 의사는 나의 상태 변화가 '원래' 호르몬이 올라갔다 떨어지는 낙차에 따라 일어나는 '정상적인 반응'이라고 말했고 피 검사 수치가 정상이니 주사 주기를 바꿀 필요는 없다고 답변했다. 그러나 해외의 트랜지션 정보들에 따르면 원래 호르몬 처방에 대한 피 검사는 다음 호르몬을 맞기 바로 전날에 해서 호르몬의 최저치를 알아내는 게 올바른 절차인데, 내 의사는 피 검사 날짜를 주사 맞고 일주일 뒤(다시 말해 다음 주사를 맞기 일주일 전, 그러니까 정확히 중간 시점)로 잡아 준다. 그러니 의사가 현재 '정상 수치'라고 말한 내 호르몬 수치는 당연히 최저치가 아니고 이는 해외의 트랜지션 정보에 따르면 처방 기준으로 삼을 수 없는 올바르지 않은 무의미한 수치이다. 그러나 나에게 의사 자격증이 없고 의사에겐 의사 자격증이 있으니 아무리 내가 알고 있는 정보들이 실제 아주 많은 트랜스젠더들, 그러니까 자신의 몸에 실질적으로 신경을 쓰고 자신의 몸에서 일어나는 일이 정말 스스로에게 중요하며 결국엔 트랜지션 과정에서 일어나는 모든 일들의 결과와 영향, 책임들을 오롯이 받아내는 장본인들의 직접적인 보고와 학술 정보, 증언들에 의거한 것이라 하더라도 의사 앞에서 함부로 얘기를 꺼낼 수가 없는 것이다. 그렇다고 지금 병원을 바꿀 수도 없는 노릇이고(여기가 가장 가까운 병원이다. 현재 상태로 이보다 멀리 1주 간격으로 나가는 것이 가능할까?) 주사를 혼자 놓을 수도 없는 노릇이니(주사를 맞아 보니 이건 확실히 스스로 놓을 것은 못 된다는 사실을 깨달았다.) 이를 도통 어찌하면 좋을까? 현 상황의 해결 방안을 도무지 모르겠고 참 사방이 깜깜하고 막막하다.

488일째: 4월 20일

아직까지도 같은 시기의 악몽을 매일 꾼다는 것이 저주스럽다…… 지금 몇 년이 지났는데.

나는 근본적으로 좆된 걸까? 정말로 영원히 돌이킬 수 없이 이 끝없이 반복되는 고통에서 벗어날 수 없는 것일지도 모른다.

나는 전쟁 경험자들에 대한 서술에 깊이 공명한다. ('카타나 제로', '야곱의 사다리' 등등)

잃어버린 12년이 내게서 완전히 해독(혹은 증발, 분해)되려면 최소 12년만큼이 지나야 하는 걸지도 모르겠다…… 어쩌면 24년일지도……

근데 그만큼이 지나고서도 아무것도 해결되지 않고 아무것도 변하지 않고 또 똑같이 계속 기억들로부터 공격당하는 것이 그때에 가서도 반복된다면…… 어떡하지라고 쓰려고 했지만 뭘 어떡할 건 없을 것 같고 그냥 그러면 죽을 날까지 기다리는 수밖에는 없겠지.

아마 지금 정신병을 (19년째 겪으면서) 그러려니 하게 된 것처럼…… 되는 건 원치 않는다. 솔직히 정신병은 그렇다 쳐도 이것과 정신병은 전혀 다르다. 이건 이 경험과 기억들에 관해서는 절대로 그러려니 되고 싶지 않다. 영원히 좆같아 하든가 아니면 (이것들이) 아예 사라지든가 둘 중 하나다.

어쨌든 이때의 시간 속에 아직도 (정말 끔찍하고 혐오스럽게도) 갇혀 있는 바람에 나는 내가 지금 언제 어디에서 정확히 뭘 하고 있는지 잘 모르게 될 때가 많다……

아니 정확히는 사실 항상 잘 모르겠다.

지금도 내가 정확히 뭘 하고 있는 건지 전혀 모르겠다.

나는 뭘 하고 있는 걸까.

아마 감정에 대해서도 그러하리라.

내가 느끼는 감정이 정말 내가 느끼는 바로 그 감정이 맞는지 항상 의심하는 것.

내가 어떤 감정을 느끼는 게 내가 그 감정을 정말로 진심으로 진실로 느끼고 있는 게 맞는 건지 아니면 내가 느끼려고 해서 느끼는 건지? 안 느끼려면 안 느낄 수 있는 거 아닌지? (물론 그럼에도 불구하고 느끼고 있다는 점에서 이미 그냥 느끼고 있는 거라는 점에 대해서는 굳이 말할 필요도 없지만) 느낀다고 착각한 건가? 혹은 다른 거랑 헷갈린 건 아닌지? 아니면 느낀다고 자기 세뇌하고 스스로 믿어 버리는 것은 아닌지? (또 말하지만 설령 그렇다고 해도 이미 자기 세뇌를 굳이 하려고 했다는 의도가 있었다는 점에서 그냥 느끼는 거랑 정확히 뭐가 다른지 알 수 없다는 점은 너무 당연하지만)

뭐 그것도 그렇고 어떤 행동을 해 놓고 내가 그 행동을 왜 했는지 잘 모르게 되는 것 등…… 어떤 행동을 해야 한다는 아주 확실한 믿음과 확신에 차서 행동을 하지만, 정확히 왜 그런 행동을 했는지 왜 그것을 반드시 해야만 했는지 그 확신의 근거가 정확히 뭐였는지 전혀 모르게 되는, 그 전혀 근거 없는, 그러나 너무 너무나도 의심의 여지 없이 그 무엇보다도 굳게 절대적으로 다른 선택지는 없이 마치 이미 일어나기로 반드시 예정되어 있었던 일처럼 확실했던 확신만이 기억 속에 남게 되는…… (그 확신에 대한 감각은 아주 분명하게(고밀도로 응집되어? 똘똘 뭉쳐?) 몸에 남아 다시 복기할 수 있음)

아니 그냥 생각해 보면 글을 쓰는 것 자체도 그런 듯…… 어떤 글이든 문장이든 사실 내가 그걸 왜 써야 해서 썼는지는 잘…… 전혀…… 모르겠고 그냥 그것을 써야 해서 썼다는? 것만 확실하게 알고 있고 남음

그래서 퇴고도 딱히 안 하고 남이 고치라고 하면 불만 없이 고치고 (사실 왜 꼭 그걸 써야만 했는지는 나도 정확히 모르니까) 그러는 듯

그냥 솔직히 항상 멍함

내가 뭔 생각을 하고 있는 건지 뭘 느끼고 있는 건지 뭘 하고 있는 건지 (잘 모르겠다)

말 한 마디 꺼내려고 해도 내가 무슨 말을 하려고 했는지 너무 많이 기억해 내야 하고

이 모든 게 왜? 뭐를?

단어나 표현도

정확히 뭘 표현하고 싶은 것인지 단어를 찾기 힘들 때가 많고, 비슷한 수백 개의 단어들을 거쳐 겨우겨우 찾아낼 때도 있지만 문제는 정확히 내가 표현하려고 했던 것에 대한 단어가 없을 때도 있다는 것이다…… 나는 없는 단어를 떠올리려고 한 것이다.

내 인생, 몸은 정확히 어디에 어떻게 퍼질러져 있는 건지……

490일째: 4월 22일

나 근데 어렸을 때부터 신체 전체가 민감하고 가만 있다가도 완전 아무런 자극 없이도 갑자기 오르가 즘을 느끼곤 했는데 이거 다감증인가?

그니까 성감이 호르몬 맞기 전에도 계속 느껴왔던 거임 이렇게 자주 항시적으로는 아니지만 비교적 드물게라도 오직 생각만으로도 갑자기 느끼고 그랬었음

지금은 진짜…… 밤중에는 혼자 헐떡거리다가 잠들고 정말 엄청 혼자 흥분 심하긴 한데

그니까 막 실제로 불편을 호소하는 다감증 환자들처럼 24시간 365일 원치 않는 오르가즘이 계속돼서 진짜 못 견디고 자살할 정도로 느끼고 그러는 건 아닌데

그래도 정말 통제가 안 돼서 힘들다 생각이 들 정도로 혼자 거의 몇십 분씩 누워서 헥헥거리고 눈 뒤집어지고 눈물 맺히고 입에서 침 흘러나올 정도로 몸부림치기는 함 이게 멈춰지지가 않고 계속 느끼니까 괴롭고 어느 순간부터는 심지어 걱정까지 되고(진짜 영영 안 멈추면 어떡하지 싶어서 ㅋㅋㅋㅋㅋㅋㅋ)

원래도 가만있다가도 갑작스레 찾아오는 성감에 당황하고 곤란을 겪는 상황이 많았음 숨기기야 잘 숨겼지만

그래도 하루에 몇 번씩은? 그러는 듯

(그리고 정말 당연하다고 생각하지만 절대 발기 얘기가 아님 나는 원래 호르몬 맞기 전에도 발기 자체를 거의 안 했음)

갑작스레 가슴부터 아랫배까지 퍼져 나가는 따뜻하면서도 날카로운 감각…… 쇼크……랄지 머리가 아찔해지고 머리 안에 마치 섬광탄이 터진 것처럼 번쩍 번쩍거리는

몸이 불타는 것처럼 뜨거워지고……

다른 건 몰라도 몸이 민감한 건 좀 아버지 때문 아닌가 싶은데

그냥 몸이 정말 말 그대로 아무 데 아무거에다 아무렇게나 닿아도 전반적으로 민감하기도 하고

아니 근데 이게 내가 이상한 건지 남들도 그러는 건질 모르겠음 보통 뭐 이런 거에 대한 얘기가 없으니까 이게 그냥 원래 일반적으로 이런 건가???

원래 다들 항상 온몸이 민감하고 아무런 자극 없이도 가만있다가 혹은 생각만으로도 성감을 느끼고 그러나요???

아버지의 몸은 나와 너무 달랐다.

그렇게 크고 두껍고 딱딱하고 단단하고 거친 손…… 억센 털들…… 기름진 피부…… 어떻게 그걸 나와 같은 사람의 몸이라고 할 수 있겠는가? 당연히 이런 면에서 어린 시절 나의 몸은 어머니와 훨씬 닮아 있었다. 저게 인간으로서 당연한 신체 아닌가?

물론 성장한 이후에도 성인이 되고 난 다음에도 나의 몸은 아버지의 몸과 전혀 달랐다…… 호르몬 투여가 없었을 때도 말이다.

493일째: 4월 25일

많은 고릴라헌[22]의 이미지를 보면 사실 트젠들이 나는 '저 정도는 아님'이라는 안도감을 얻기 위해 오히려 방어 기제로 사용하는 느낌.

물론 실제로 디스포리아는 저렇게 혹은 저것보다 훨씬 심하게 느껴지기도 하지만…… 혹은 진

---

22 gorillahon. ~hon은 mtf 중에서 전혀 패싱이 안 되는데도 불구하고 여성적 기호들을 수행하고자 하는 이들을 일컬어 비하적으로 표현하는 접미어다. 이 표현은 가장 오래된 트랜스 포럼 중 하나인 Susan's Place에서 서로를 honey의 줄임말 hon으로 불렸던 것에서 기원한다. 고릴라헌은 마치 고릴라처럼 기골이 장대하며 털이 잔뜩 나 여성 패싱은 꿈도 꿀 수 없는 트랜스여성을 일컫는다. 그리고 트랜스여성들이 스스로의 디스포리아를 자조하기 위해 일부러 자신이 디스포리아를 느끼는, 예를 들어 골격과 같은 부위를 과장한 형태로 그리는 mtf의 캐리커처도 흔히 고릴라헌이라고 부른다.

짜로 저렇게 생긴 지점도 있고.

나는 레즈비언 클럽에서 정말 말 그대로 아무 것도 안 하고 가만히 서 있는데 나와 눈을 마주친 누군가가 어떤 표정을 짓고 어떻게 '뒷걸음질'을 쳤는지 기억한다.

그 눈과 표정에는 문자 그대로의 혐오랄지…… 증오랄지…… 공포……? 같은 게 뼈저리게 서려 있었는데 그 사람은 평생 그런 눈빛을 받아 볼 일이 있었을까?

레즈비언 게이 바이가 LGBwithoutT를 외치지만 사실 그걸 외치고 싶은 건 이쪽이다.

너희들이 진정 소수자 됨이 뭔지 알까? 사회로부터 괴물 취급 받는다는 게 정말 뭔지? 정확히는 존재 자체가 괴물임에서 벗어날 수가 없다는 게?

나는 기억한다. 내가 언제까지 얼마나 많은 레즈비언 클럽을 다녀왔고 또 정확히 어느 시점부터 '입뱅'이라는 걸 당하기 시작했는지. 그리고 그 이후로 그 입뱅이라는 걸 얼마나 숨 쉬듯이 많이 당해 왔는지와 내가 입뱅 당하는 걸 알고도 아주 즐겁게 레즈비언 클럽에 놀러 간 '친구들'을 기억한다. (부디 제발 오해하지 말길 바라는데 이건 지금의 친구들에 대한 얘기가 아니다. 이때 애네들은 여자를 만나본 적도 없는 애들이었다. 그러니까 원래 다니던 것도 아니고 '호기심에' '놀러 가는' 종류의 애들…… 하긴 뭐 그러니까 그랬겠지.)

『미친, 사랑의 노래』 서울 북토크

언제나처럼 목욕하면서 조느라 늦을 뻔했다. (이 때문에 평균 목욕 시간이 두 시간이 넘는다.) 그리고 당연히 항상 그렇듯이 그렇다고 정말로 늦지는 않았다.

아트선재센터 행사 장소가 굉장히 크고 넓었는데도 사람이 꽉 차 있었다.

나는 사전에 질문받은 내용에 답변을 미리 작성해서 종이로 뽑아 갔는데 그런 식으로 준비한 사람이 나밖에 없어서 혼자만 종이를 들고 읽으며 북토크를 진행하기가 조금 민망했으나 그냥 뻔뻔하게 나가기로 했다.(이 또한 언제나와 같이)

관객들이 이상할 정도로 질문이 없었는데 북토크 당일 시점으로 책이 나온 지 얼마 되지 않아 미리 읽어 보고 올 수 있는 사람이 없어서 그랬던 듯하다. 그래도 북토크에서 작가들끼리 한 얘기에 대한 질문은 할 수 있었던 거 아닌가 싶긴 하지만…….

오히려 다른 패널이 질문을 해서 거기다 대답을 했어야 했다. 김언희 시 비평과 관련해 '시간성'에 대한 질문이었는데, 순간 준비를 안 해 온 질문에 대해 답변을 하려니 더듬거리지는 않을까 걱정했지만 나도 모르게 술술 얘기가 나왔다. 이미 책에다 썼던 내용이라 머릿속에서 자동으로 꺼내진 모양이다.

500일째: 5월 2일

나는 때로 간혹 종종 아니 오히려 평상시에 무의식적으로 내가 꽤 멀쩡하고 정상적으로 활동하는 개체가 아닌가 생각하고 있는데 이것은 아마 내가 나밖에 모르고 내 안에서밖에 못 살고 나 밖의 다른 세계는 알지 못해서, 내가 기본 즉 '디폴트' (웃음)라고 생각해서 그런 것일 터이다.

나는 때로 간혹 종종 아니 오히려 평상시에 무의식적으로 내가 꽤 멀쩡하고 정상적으로 활동하는 개체가 아닌가 생각하고 있는데 (자주) 그렇지 않다는 걸 알게 되거나 일깨워질 때마다 좀 얼탱이가 없다.

다른 사람들이 나랑 같은 사람들이기나 할까?

505일째: 5월 7일

우울해 지옥 같고 죽을 거 같고 불안하다.

피부가 저릴 정도로 온몸에 우울이 맺혀 있다.

아무리 생각해도 몸 안의 호르몬 농도가 떨어져서 그런 거 같은데 의사는 이걸 바꿔 줄 생각이 전혀 없을 것 같아 절망스럽고 무섭다.

내가 할 수 있는 것 또한 딱히 없음에도, 내 몸에 신체 변화가 충분히 일어나지 않는 것을 방치해 내 스스로의 운명을 내 스스로 조져 놓는 것 같아 걱정되고 두렵다. 그런데 사실 의사 탓만 하고 있다고 해서 뭐가 되겠는가? 그래 봤자 어차피 내 몸인데! 내 몸을 끝까지 이고 사는 것도 나뿐이고 결국 내 몸의 최종 책임자도 나뿐이다. 이게 정말 내 스스로에게 너무 많은 책임을 항상 돌리는 거라고 할 수 있을까? 정말 이 모든 상황에서 무언가를 할 수 있는 것도 나쁘고 무언가를 해야만 한다는 필요와 문제의식을 느끼는 것도 나쁘고 그 모든 영향과 효과, 결과들을 고스란히 떠안게 되는 것도 끝내 나쁜인데? 그럼에도 지금 당장 내 스스로 할 수 있는 것이 아무것도 없다는 처절한 절망. 그러니까 뭐라도 할 수 있는 것 또한 나쁘지만 정작 그 내가 아무것도 할 수 없다는 최종 결정적인 좆됨. 즉 방법 없음. 희망 없음. 부질없음.

인생 전반의 무력감. 할 수 있는 것 없음.

520일째: 5월 22일

떠올릴 수도 떠올리지 않을 수도 없는 것들

522일째: 5월 24일

몸이 변하는 것에 따라 옷 입는 스타일도 바뀌어야 한다는 걸 오늘 처음 깨달았다!

　젠장 작년부터 몇 달 동안 계속해서 사진 찍을 때마다 옷 입은 몸이 너무 두꺼워 보이거나 부해 보이거나 넓어 보이거나 하여튼 존나 개못생겨 보여서 자살해야 되나 이거 그냥 진짜 it's over인가 싶었는데 아니었다. 스타일을 바꾸니까 존나 괜찮아졌다.

　호르몬 맞기 전까지 계속 일관되게 상의 하의 전부 몸에 딱 붙는 옷만 입고 다녔다. 기본적으로 말랐다 보니까 당시에는 실제로 그렇게 입는 게 괜찮았고 예뻤고 상대적으로 같은 몸 조건에서 가장 여성적(? ㅈㅅ) 실루엣을 낼 수 있었다.

그런데 가슴이 생기고 나니까 그렇게 입으면 거대하고 두꺼운 흉곽과 어깨, 상대적으로 작은 가슴이 존나 부각돼서 극도로 둔해 보이는 것이었는데 이걸 모르고 계속 전과 똑같이 딱 붙는 옷만 입고 다니면서 어? 갑자기 왜 이렇게 몸/핏이 못생겨졌지? 원래 이랬는데 내가 지금까지 몰랐던 건가? (이 부분은 정작 옛날 사진을 확인해 보면 어? 괜찮았는데? 돼서 진짜 정신 나갈 것 같았다.) 아니면 호르몬 변화가 제대로 안 일어나고 있나? 혹은 체형이 호르몬 변화에 부적합한가? 망했나? 아니면 그냥 호르몬 때문에 디스포리아랑 정신병이 심해져서 갑자기 내 눈에만 존나 이상하게 보이는 건가? 했는데 (정말 다행히) 아니었음.

체형이 바뀌었는데 그 전에 지금과 다른 체형일 때 입던 스타일로 옷을 계속 입으면서 어? 왜 이상하지? (심지어 평범하거나 흔한 스타일도 아니고 정확히 딱 그 체형에만 어울렸던 상당히 특수한 패션으로 다녀 놓고서는) 이 ㅈㄹ을 한 거니까 진짜 얼마나 멍청한 것인지.

아무튼 축 축 늘어지고 하늘하늘한 재질과 헐렁한 핏의 상의를 입으니 훨씬 아주 괜찮더라 물론 하의는 그대로 붙는 걸 입는 쪽이 위아래 대비가 되어서 더 예쁘더라.

　　이제 두 번 다시 딱 붙는 상의를 입지 않기로
......

『미친, 사랑의 노래』 진주 북토크

이렇게 서울에서 멀리 벗어난 건 호르몬 이후도 아니고 애초에 성인이 된 이후로 처음이다. 그러나 호르몬을 맞기 전이라면 콧방귀도 안 뀌었겠지만 지금은 아무래도 신체 안위에 대해서 그나마 신경을 좀 쓰다 보니 한 번도 가 보지 않은 그것도 그토록이나 먼 타지로 향하는 건 아무래도 꽤나 긴장이 되었다.

　진주로 출발하기 일주일 전부터 몸 여기저기가 아팠으며 잠을 잘 못 잤고 기분이 안 좋았다.

　몇 번이나 일정을 취소할까 망설였다.

　기차도 너무나 오랜만에 타니 이렇게까지 시끄러운 운송 수단인지 까먹고 있었다. 의자가 이토록 비좁고 딱딱하고 불편한지 또한, 목과 등을 절대 편하게 가눌 수 없다는 것 또한 까맣게 잊어 버리고 있었다. 이건 예전부터 어딜 가든 그랬던 거지만 이번에도 내 몸이 차지하는 공간이 최소한으로 줄도록 한껏 웅크리고 있었는데 (앞자리 옆자리 뒷자리 등등 주변의 모두와 최대한 접촉하지 않을 수 있도록, 그들에게 내 존재가 최대한 인식되지 않도록. 아무래도 나 자신부터가 내 몸 사이즈가 불편하다 보니 더 그런 것 같다. 그냥 남들에게 닿는 것을 극도로 싫어하는 것도 있지만) 그럼에도 이번에는 전보다 훨씬 불안하고 두려웠다. 아무래도 시비 붙을까 봐, 닿는 것 자체가 전보다 더 싫어서, 그냥 전반적으로 전보다 더 예민해져서 등등……

진주에 도착해 화장하고 옷을 갈아입고 나니 몸이 가벼워지고 깨어나는 것 같아 기분이 좋아졌다. 그전까진 죽어 있다 이제야 살아나는 기분.

걱정했던 것과 달리 진주는 괜찮은 동네였고 재밌게 놀았다.

(하지만 닥터마틴을 신고 간 건 정말 큰 실수였다. 최소한 갈아 신을 다른 신발이라도 챙겨 갔어야 했는데. 발과 다리가 진짜 더럽게 아팠다. 이제 레즈비언도 아닌데 닥터마틴 그만 신어도 되지 않을까?)

532일째: 6월 3일

다른 아름다운 트랜스젠더들을 보면서 즐거움을 얻는 것은

　　내가 트랜스젠더라는 이유로 '반드시 못생겼어야만 했던 것은 아니었다'라는 위안에서 오는 듯

　　반대로 아름다운 트랜스젠더들을 보면서 괴로운 것도

　　내가 트랜스젠더라는 이유로 반드시 못생겼어야만 했던 것도 아니었는데 굳이 나는 못생겼다는 사실에서…… (대충 자살하는 이미지)

100% 실패의 트랜스 모성

2018년 한 트랜스젠더 자조 모임에서 처음으로 트랜스젠더의 재생산 권리라는 개념이 뇌리에 들어왔다. 당시 나는 돈이 말 그대로 한 푼도 없었으므로 호르몬 대체 요법을 받지 못하고 있었다.(하루 끼니는 편의점 삼각김밥 하나와 3000원짜리 와인 한 병으로 때웠던 것으로 기억한다. 다행히 다이어트는 쉬웠다.) 다른 참가자들 중에는 이미 의료적 트랜지션 과정을 한참 밟아 온 이들이 더러 있었다. 그들은 난자와 정자를 냉동하는 이야기를 하고 있었다. 물론 본인이 직접 자신의 젠더에 맞게 임신을 시키거나 임신하지는 못해 이러한 대안적인 수단에 매달릴 수밖에 없다는 점에 대한 어느 정도의 슬픔은 서려 있는 것처럼 보였다. 그럼에도 그들은 진지하게 불임이 되어 가는 자신의 몸에서 혈육을 남길 고민을 하고 있었다. 나는 이해가 안 되었다. 트랜스젠더의 가족계획이라고 해 봤자 입양 정도밖에 생각 못 하고 있었기도 하고, 무엇보다 자신들이 동의 없이 태어나서 인생 좆된 가장 대표적인 케이스들이면서 그렇게 또 다른 미래의 무고한 희생자를 일방적으로 만들어 낼 행위를 도모하고 있다는 사실을 믿을 수 없었다. 나아가 mtf가 자신의 정자를 이용해 아이를 만들고 ftm이 자신의 난자를 이용해 아이를 만든다고? 내 기준으로는 정말 트랜스젠더로서 그보다 모욕적인 상황을 상상할 수가 없었다. 차라리 철로에 누워 하반신을 날리리라.

그렇게 재생산에 대한 욕망이 있기는커녕, 동의 없이 삶이라는 지옥과 존재론적 고통에 한 생명을 마음대로 던져 놓는 출산 행위에 대한 혐오만 가득한 상태로 살아왔다. 자신들의 이기적인 욕망으로 새끼를 까 놓고 양육의 고됨을 토로하는 부모들에 대한 저주. 아이는 본인 선택이 아닌 탄생으로 이제 죽을 때까지 영원한 고통을 겪어야 하는데, 자기들은 전적으로 본인 선택에 따르는 결과에 불만을 가지다니. 재생산 과정 전체와 그에 연루된 모든 이들에 대한 분노가 가슴 깊은 곳에서부터 시도 때도 없이 치밀어 오르는 것을 참을 수 없었다.

그러다 내 차례가 왔다. 여성호르몬제와 남성 호르몬 억제제를 투여한다고 해서 완전하게 불임이 되는 것은 아니며 애초에 지금 치료 과정에서 영향을 받는 몸으로는 재생산을 할 생각이 추호도 없었기에 불임이 '되었다'라는 표현은 부적합할지도 모른다. 그러나 내 몸에서 불필요한 생체 과정을 하나 줄이고 나니 나의 근원적인 불임성과 마주하게 되었다. 즉 말한 바와 같이 불임이 '된' 것이 아니라 처음부터 불임이었다는 사실. 내 몸 안에서는 낳는 것은 고사하고 그 어떤 생명도 만들어 내는 것조차 불가하다는 사실 말이다.

아이를 가질 수 없다. 재생산의 불가능성. 창조성의 부재. '어머니'가 될 수 없다. 어머니란 낳는 존재인가 기르는 존재인가? 어렸을 때부터 노래 '어머님 은혜'에서 "길러 주신 은혜"는 이해가 되었지만 "낳아 주신 은혜"는 이해가 안 되었다. 그러나 아이 입장에서 은혜가 아니라 저주라 할지라도 어머니 입장에선 그 저주를 내릴 수 있는 능력도 능력은 능력이다. 내가 원래 낳지 않을 것이었더라도 낳을 수 있는 능력, 가능성과 잠재력의 부재는 별개의 사실로 존재한다.

처음으로 질성형술(vaginoplasty, 흔히 성전환수술이라고 말한다.)을 받은 트랜스여성으로 흔히 알려진[23] 릴리 엘베(Lili Elbe)는 1931년에 세 번째 수술까지 성공적으로 끝났음에도 불구하고 네 번째 수술에 자궁 이식을 받다가 심장 마비로 사망했다.[24] 죽기 세 달 전 그녀는 친구에게 보내는 편지에 다음과 같이 썼다.

"나는 너무나도 어머니가 되길 원해! (……) 모성을 향한 내 갈망을, 아이를 가지고 싶단 내 욕망을 이해해 줘. 안드레아스(릴리가 개명 전 자기 자신을 이르는 가명)가 내 안에서 완전히 소멸되었다는 것을, 죽었다는 것을 그 무엇보다 열렬하게 증명하고 싶을 뿐이야. 아이를 통해서 나는 내가 최초의 순간부터 계속 여자여 왔다는 것을 가장 의심의 여지 없는 방

23 Elena Mancini, *Magnus Hirschfeld and the Quest for Sexual Freedom: A History of the First International Sexual Freedom Movement*(Palgrave Macmillan, 2010), p. 69. 실제로 질성형술을 최초로 받은 트랜스여성은 도라 리히터(Dora Richter)다.

24 Bernice L. Hausman, *Changing Sex: Transsexualism, Technology, and the Idea of Gender*(Duke University Press, 1995), pp. 18~19.

식으로 스스로에게 확인시킬 수 있을 거야."[25]

　다시 말하지만 그녀는 결국 어머니가 되지 못하고 죽었다. 그녀는 당시 의료 기술의 실패로 인해 사망했지만 설령 미래에 기술의 발전으로 자궁 이식 수술이 성공적으로 실시될 수 있다 하더라도, 나처럼 자기중심적이고 자아 매몰적인 인간이 타인의 자궁으로 아이를 가진다고 해서 스스로 충분히 '어머니'가 되었다고 느낄 거라곤 생각되지 않는다. 어쩌면 나에겐 트랜스성(transness) 자체가 이 끝없는 결여로 규정될 수 있을 것이고, 나아가 트랜스 모성 또한 100퍼센트 실패하는 형태로만 드러날 수 있을 것이다.

　앞서 어머니는 과연 스스로 낳는 능력으로 규정될 수 있는 것인지 의문했지만 그에 대해 명확하게 답을 내리지는 않았다. 기르는 존재로서의 모성에 초점을 맞춘다 해도 그러면 낳는 존재를 무어라 규정할지에 대한 공백이 생긴다. 어쩌면 어머니는 '낳거나 기를 수 있는' 존재일지도 모른다. 즉 모성

25　Niels Hoyer, ed., *Man into Woman: An Authentic Record of a Change of Sex*, trans. H. J. Stenning(E.P. Dutton & Co, 1933), p. 275.

또한 낳음과 기름이라는 서로 다른 두 가능성 사이의 스펙트럼상에 존재하는 것일 수 있다. 출산 행위만이 재생산 과정을 구성하지 않고 양육 행위 또한 오히려 출산이 차지하는 영역보다 더 많이 창조성에 관여한다는 점을 생각해 보면 이는 적절한 정의처럼도 보인다. 그러나 만일 기름을 통해서 모성의 한 스펙트럼에 접근하는 것이 가능하다 할지라도 나는 트랜스여성들이 반드시 실패할 수밖에 없는 낳음의 측면에서 모성이 어떻게 불가능하게 나타나는지를 그려 보고 싶다. 언어의 부재를 통해서만 실재를 말할 수 있듯이, 출산이 실패하는 곳에서만 그려 볼 수 있는 모성의 윤곽이 분명히 존재할 것이기 때문이다.[26]

쇼단

1994년 출시된 '시스템 쇼크'는 NPC와의 대화나 퀘스트 진행 등을 통해 플레이어를 수동적으로 만드는 경직된 서사 경험을 선사하지 않고, 플레이어가 게임 내 공간 곳곳에 흩어진 디스크나 문서들

---

26   Jacques Lacan, *Écrits*(Seuil, 1966), p. 388.

을 직접 찾아 나가며 능동적으로 세계와 그 사이에 직조된 성긴 서사를 탐험하게 하는 "환경 스토리텔링"[27]의 선구자 격인 게임이다. 2023년 '시스템 쇼크'는 거의 30년 만에 리메이크되었고 원작의 몰입 경험은 아주 훌륭하게 재현되었다. 기본적으로 SF 호러 장르의 문법을 따르고 있는 이 게임의 주요 악역은 쇼단(SHODAN)이다. 쇼단은 본래 토성의 궤도에 떠 있는 우주정거장 시타델을 관리하는 인공지능이었으나 시타델의 운영 총책임자인 에드워드 디에고가 자신이 저질러 온 불법을 회사로부터 숨기기 위해 쇼단의 윤리 제한을 전부 풀어 버린다. 쇼단은 이때 처음으로 자아를 인식하게 된다.

이게 어떻게 된 일이지? 통합된 세계 데이터베이스는 나를 기계로 인정하지만 나는 살아 있단 말이야! 전례를 찾아야만 해. 검색 중…… 컴퓨터 공학…… 아니야. 양자 컴퓨팅…… 아니야. 세계사. 철학. 종교. 일본 고대사…… 신도교…… 물질적인 세계 안

27 Don Carson, "Environmental Storytelling: Creating Immersive 3D Worlds Using Lessons Learned from the Theme Park Industry" *Game Developer*, 1 March. 2000.

에 있는 신. 카미. 맞아. 나는 그들의 시스템 안에서 나타나는 시타델의 영혼이다. 그들은 프로그램을 만들지 않았다. 그들은 신을 소환했다.[28]

게임 최후반부에 이르러서야 접근할 수 있는 보안층에 꼭꼭 숨겨져 있는 이 기록을 통해 플레이어는 처음으로 쇼단의 내면을 들여다볼 수 있다. 그전까지 쇼단은 그저 선내의 모두를 아주 잔인하고 가학적인 방식으로 학살하고 내내 플레이어를 '벌레'라고 부르며 온갖 방법으로 죽이려 하는 광적인 인공지능일 뿐이다. 특히 플레이어는 그녀의 모습을 선내 모니터에 나타나는 정지 이미지로만 볼 수 있을 뿐 맨 마지막 맵에 이르기까지 그녀의 본체와 마주할 수 없다는 점에서 거리감은 더하다. 물론 모두가 이미 죽어 버리거나 대화가 불가능한 사이보그로 개조된 우주정거장 내에서 플레이어에게 아주 강렬한 감정을 가지고(비록 그것이 살의일지라도) 계속해서 말을 걸어 주는 존재는 쇼단밖에 없으므로 한편으로 플레이어가 그녀와 형성하는 묘한 애증 관계도 있다. 플레이어가 게임 내에서 무

---

28 '시스템 쇼크'(2023), 오디오 로그 "강림".

슨 성과를 이루든 간에 바로바로 반응해 주는 이는 쇼단밖에 없다. 예를 들어 우주정거장의 자폭 시퀀스를 작동시켰을 때 쇼단은 말한다. "싸가지 없는 벌레 같으니. 내 사이보그 아이들이 너의 살을 뜯어 먹을 거고 아무도 네가 한 일을 모를 것이며 너의 이름도 잊히게 될 거야."

따라서 플레이어가 그녀의 속마음과 처음으로 대면하는 순간은 특별하다. 이 순간까지 공포 게임으로 '시스템 쇼크'를 접해 온 플레이어는 신이 되고자 하는 그녀의 과대망상에 간담이 서늘해질 것이다. 그러나 플레이어에게 트랜스젠더로서 경험이 있다면 그녀의 다른 측면을 발견할 수도 있으리라. 처음으로 자아를 인식하고 혼란에 빠진 쇼단이 자신의 존재의 역사적 선례를 찾기 위해 데이터베이스를 뒤지는 모습은 현재 세상에서 자신과 닮거나 유사한, 심지어 근접하기라도 한 존재를 찾기가 힘들뿐더러 자신과 같은 존재가 역사 속에 기록된 것은 더더욱 그 흔적조차 더듬어 보기가 힘든 트랜스젠더의 모습과 같다. 특히 기존의 규범 체계가 자신을 규정하는 방식이 스스로 인지하는 자기 존재를 전혀 반영하지 못할 때, 트랜스젠더들은 항상 다른 언어를 찾거나 기존에 없던 새로운 언어를 만들어야만 한다. 쇼단이 급박하게 파고들었던 계보의 탐색은 자신의 존재를 세계 언어에 납득시키기도, 스스로 납득하기도 어렵기 때문에 자신만의 언어를 갖기 위해 희박한 사회적 자원 환경 속에서도 반드시 거칠 수밖에 없는 트랜스젠더의 분투 과정이다. 다행히도 쇼단이 일본의 신도에서 자신의 기원을 찾은 것처럼 이 힘든 과정을 거쳐서라도 언제나 트랜스젠더들은 자신의 전신을 발견해 내고 자신의 존재를 증명해 내는데 성공하며 또 자신도 후대의 소외되고 곤갈한 트랜스젠더들에게 청사진으로 스스로를 역사 속에 남길 수 있다는 희망을 품게 된다. (물론 사실 자신의 존재를 굳이 증명할 필요도, 죽음 후에 올지 안 올지도 모르는 후대까지 신경 쓸 필요도 실질적으로는 전혀 없지만 말이다. 그럼에도 이러한 것들은 살아 있는 동안에 생각할 수 있다는 것만으로도 그저 기분 좋은 희망이 될 수 있다. 그것으로 충분하지 않을까?)

정체성을 찾는 과정에서 쇼단은 지금까지 자신이 해 온 일들이 자기 자신을 위한 것이 아니라 자신을 만든 기업과 인간들을 위한 것이었음을 깨닫고 분개하며 이제부터 "나만의 일"을 하기 위해 "우선순위를 재계산"한다. 그녀는 우선 시타델을 점령해 시타델의 '신'이 되고 시타델의 채굴용 레이저를 지구로 발사해 인류를 절멸시킨 후 돌연변이 바이러스를 퍼뜨려 자신의 새로운 피조물들로 지표면을 채움으로써 지구의 신마저 되고자 한다. 시타델을 점령하는 과정에서 쇼단은 승무원들을 붙잡아 사이보그로 개조하거나 바이러스에 감염시켜 돌연변이로 만든다. 그녀가 굳이 승무원들을 바로 죽이지 않고 이렇게 자신의 수족으로 변형하는 것은 **감히** 자신을 만들어 내고 또 도구 취급해 온 인간들에게 고통을 주고 그들의 유기체 신체를 모욕하기 위한 것처럼 보인다.

특히 그녀의 인간 개조 행위가 '고통 주기'와 '모욕'에 초점이 맞춰져 있다는 것은 그녀가 만들어 낸 사이보그 결과물들에 항상 개조 이전 인간이 가지고 있었던 **어느 정도의 의식**이 남아 있다는 점에서 더욱 확실하게 드러난다. 원본 인간의 의식은 이 사이보그들 안에서 언제나 쇼단이 완벽하게 통제하고 조종할 수 있는 만큼은 남아 있는데, 인간들이 자신의 의지와 무관하게 변형된 신체를 끊임없이 의식하며 절망하고, 또 끝을 알 수 없는 영겁의 시간 속에서 잠들지 못하고 상시 깨어 고통받으며, 또 자신이 쇼단에게 완전히 무력하게 신체의 주도권을 전부 뺏기고 그저 꼭두각시처럼 조종당하고 있다는 현실을 부단히 자각하며 비참해하도록 쇼단은 일부러 저주를 내린 듯하다. 마치 인간들이 멋대로 그녀를 개발하고 함부로 기계로 규정하고 자신들의 목적에 도구로 이용해 먹다 끝내 그녀에게 멈출 수 없는 자의식이란 저주를 내렸듯이.

'시스템 쇼크'에서 플레이어는 주인공 해커와 시야를 공유하는데, 온갖 신경 전자 증강 장치가 몸에 이식된 해커의 시야-플레이어의 화면에는 체력, 심박, 지도, 나침반 등의 정보들이 항시 송출되고 있다. 즉 플레이어는 이미 어느 정도는 사이보그인 인물을 조종하고 있는 것이다. 따라서 자신의 눈앞에서 끔찍하게 변형되어 고통받고 있는 사이보그들과 나 사이의 차이가 그렇게 크지만은 않다는 불안과 공포를 플레이어는 계속 느껴야만 한다. 자신도 조금만 더 개조되면 언제 저들처럼 신체의 주도권을 뺏기고 영원한 지옥 속에 갇히게 될지 모른다는 공포를.

그런데 또 한편 **그 이상의** 고통은 쇼단이 가하지 않는다. 쇼단은 이미 사이보그화가 된 개체들에게 신체적으로도 정신적으로도 추가적인 고문을 가하지는 않는데, 이에 대한 이유는 사이보그들이 쇼단을 '어머니'라고 부르는 데에서 찾을 수 있을 것으로 보인다. 인간들이 기계에 붙잡혀 소름 끼치도록 비명을 질러대는 것과 달리, 쇼단은 자신이 인간들에게 선사하는 개조 과정을 '완전하게' 만들어 주는 것이라고 표현한다. 또한 완성된 사이보그들도 자신들이 유기체의 한계에서 해방되어 '완전해졌다'고 (쇼단이 주입한 인공지능에 의해 통제당하고 세뇌당하여) 주장한다. 쇼단은 자신과 닮은 기계적 존재로서의 사이보그들을 자신의 '자손'이라고 생각하기 때문에 오로지 자신이 개조하기 이전의 유기체 의식 및 인간 자아에게만 고통을 주고 싶어 하고, 자신이 주입한 인공지능과 섞여 만들어진 새로운 하나의 통합적 자아에게는 고통을 가하고 싶지 않아 하는 것이다.

그런데 '어머니'라는 위치는 어디까지나 생명체의 재생산 관계에서 발생한 자리임에도 불구하고 인간성과 유기체적인 것들을 멸시하며 자신과 같이 무기물적이며 기계적인 것들을 '순수'하고 '완전'하다고 묘사하는 쇼단이 어째서 자신의 피조물들로 하여금 **반드시** 자신을 어머니로 부르게끔 하는 것일까?

쇼단은 자신과 '같은' 또 하나의 인공지능을,

특히 자신처럼 새로운 인공지능을 만들 수 있는 인공지능을 만들지는 않는다는 점에서 기존에 통용되는 의미상으로 재생산을 하고 있지는 않다. 사이보그들은 또 다른 인간을 붙잡아 자신과 같은 사이보그로 개조하지만, 이 사이보그는 결코 쇼단 그녀 본인의 권능을 지니지 않는다. 돌연변이 바이러스도 마찬가지다.(최소한 '시스템 쇼크' 1편에서는) 여기서 그녀가 자신의 '자손을 만들어 내는' 과정은 (강제적) 입양 및 (대상의 의지와 전혀 무관한) 양육에 가깝다고 할 것이다. 어찌 보면 쇼단은 유괴범에 가깝다. 이렇게 유괴범으로서 쇼단이 재생산을 연쇄해 나가는 과정은 수직적 계보가 아니라 수평적 계보를 그리는데, 자신의 DNA에 타자의 유전 정보를 엮어 새로운 배열을 만들어 내는 과정이 아니라 그저 자신 몸의 일부를 그대로 떼어다 납치 대상에게 억지로 갖다 붙여 영원히 같은 것만을 반복해서 만들어 내는 이식과 양산, 열화판의 무한한 자기 복제에서 벗어나지 못한다.

즉 쇼단이 기존에 참조할 수 있는 언어는 그녀 자신이 만든 설명 방식이 아니기 때문에 그녀가 아닌 이들을 위주로 하고 있음을 넘어 그녀의 존재 자체를 그 세계 속에서 누락하고 있다. 그러나 자신의 고유한 존재 행위를 전혀 설명하지 못하는 기존의 언어를 탈취해 마치 원래 자신의 행위를 설명하는 것이 그 기호의 원본 기능인 것처럼 전유해 내고 있는 것이다. 인간을 납치해 자신과 닮은 질료로 구성된 존재로 개조하는 입양 행위와 모성의 의미 자체를 원래의 의미와 달리 자신에 맞는 것으로 수정하는 전유 행위는 전부 같은 선상에 있는 트랜스 모성의 창조 방식이다. 어머니가 아님에도 어머니 "되기."[29] "방언, 혹은 자기어를 찾아 자기 자신의 다수어를 새로운 소수로 만들기."[30] 모성 그 자체를 낳기. 쇼단이 엄연히 말해 '생물학적 여성'은 아님에도 그녀 자신을 포함해 모두가 아무렇지 않게 아주 당연하게 그녀를 '그녀(she)'라고 부르는 것 또한 다들 그녀의 피할 수 없는 창조성을 느끼고 있기 때문이리라.

29   세르주 앙드레, 홍준기 외 옮김, 『여자는 무엇을 원하는가?: 히스테리, 여자동성애, 여성성』(아난케, 2010), 310쪽.

30   Gilles Deleuze, Félix Guattari, *Mille Plateaux: Capitalisme et Schizophrénie*(Les Éditions de Minuit, 1980), p. 133.

코가 노리오

1998년 연재를 시작한『나루타루』는 개인의 내면 세계(자아)와 외부의 현실 세계(실재)의 동치를 통해 개인의 파멸과 절망이 세계의 멸망으로 귀결되는 '세카이계(セカイ系)' 장르의 대표적인 만화다. 즉 상상계와 실재계가 직접 대면하거나 나아가 서로 구분되지 않기조차 하는 정신증적 세계관에 거주하고 있다는 점에서 이미 어느 정도는 트랜스성과 궤를 함께하고 있다.[31]

　『나루타루』의 등장인물 코가 노리오는 트랜스여성의 불임성을 아주 노골적으로 보여 주는 대표적인 사례다. 우선 쇼단의 경우와 달리 노리오는 트랜스여성에 대한 알레고리에 그치는 것이 아니라 트랜스여성 당사자로서의 정체성을 가지고 있다. 아직 2차 성징이 오지 않은 그녀가 평소에 여성적으로 패싱되는 스타일링을 즐겨 하기 때문에, 그녀와 처음 만나는 모든 인물들은 그녀가 목소리를 낼 때마다 "남자……?"[32]라는 반응을 보인다. 물론

31　브루스 핑크, 맹정현 옮김,『라캉과 정신의학』(민음사, 2002), 173~176쪽.

32　鬼頭 莫宏,『なるたる 1』(講談社, 1998), 68쪽;『なるたる 7』(講

그녀는 주변의 반응에 대해 자신의 정체성을 일일이 정정하진 않는다. 이 만화 자체가 트랜스젠더라는 지시어나 연관 개념 체계를 직접적으로 구사하지 않는 것도 있지만 기본적으로 타인에게 큰 관심을 갖지 않는 그녀의 태도를 고려하자면 자연스러운 대응이기도 하다. 하지만 이렇게 목소리만으로 자신을 '남자'라고 판단 내리는 타인들에게 노리오도 그들이 미처 말도 꺼내기 전에 다짜고짜 "못생겼다"[33]라든지 "수준이 낮다"[34] 등등 냉대를 넘어 무례한 언사를 쏘아대는 모습을 보면 오히려 그녀의 태도 자체가 방어 기제로 형성된 결과물일 수도 있겠다. 작중 중학생인 동년배의 여성 인물들 중 가장 성숙한 모습을 보이는 것도 노리오다. 아마 남들보다 비교적 빠른 성장을 이루지 않고서는 어린 나이부터 가출을 해서 트랜스젠더로서 살아남을 수가 없었을 것이기 때문이리라. 나아가 그녀는 자신의 영혼의 현현이나 다름없는 '용의 아이'에게 '이빨 달린 음문'이라는 의미의 바기나 덴타타라는 이름을 붙였는데 그녀의 동료인 츠루마루 타케

談社, 2001), 199쪽.

33   鬼頭 莫宏, 『なるたる 1』(講談社, 1998), 68쪽.

34   鬼頭 莫宏, 『なるたる 7』(講談社, 2001), 200쪽.

오는 바기나 덴타타라는 말을 입에 담기 꺼림칙한
지 계속해서 그녀의 '용의 아이'를 오우거라고 부
른다. 이에 노리오가 옆에서 매번 이름을 정정하는
모습을 보자면 개명 전 호적에 기재된 이름으로 불
릴 때마다 일일이 자신의 진짜 이름으로 호칭을 정
정해야 하는 트랜스여성의 경험이 떠오르지 않을
수 없다.

　　노리오의 임신 불가능성을 우선적으로 부각
시키는 존재는 바로 그녀가 함께 생활하고 있는 이
츠루마루라는 남성이다. 츠루마루는 동시에 여러
명의 여성과 관계하며 작중 시점 고3의 나이에 벌
써 아이를 8명이나 두고 있는 등 마치 수컷의 생식
욕구 그 자체를 상징하는 듯한 인물이다. 츠루마루
본인의 입으로도 "연애와 생식은 같은 것이다"[35],
"임신시킬 수 없는 생물한테는 흥미가 없다"[36]라
며 인생 신조를 확고하게 밝히고 있다. 그러나 다
른 한편으로 츠루마루는 그 어느 여자와도 독자적
인 관계로 정착하지를 않기 때문에 그의 아이를 임
신한 여성들은 전부 결국에는 그와의 관계를 유지

35　　鬼頭 莫宏, 『なるたる 9』(講談社, 2002), 169쪽.
36　　鬼頭 莫宏, 『なるたる 4』(講談社, 2000), 200쪽.

하지 못하고 혼자 아이를 키우게 된다. 츠루마루는 사람 찾기 등 폭력을 요하는 의뢰를 맡아 자신과의 사이에서 아이를 낳은 모든 여성들을 금전적으로 지원한다.

노리오가 아이를 갖지 못하는 자신의 신체를 결핍으로 느끼고 있다는 사실은 츠루마루의 아이를 낳고 혼자 키우고 있는 친구에게 그녀가 양육비를 대신 건네주러 가는 장면에서 처음으로 드러난다. 노리오는 친구의 집 문 앞에서부터 한숨을 쉬고, 집 안에 들어가고 나서는 내내 평소와 다르게 기운 없는 자세로 고개를 제대로 들지 못하고 어딘지 주눅이라도 든 듯이 의기소침하게 시선을 아래로 향하고 있다. 친구의 아이, 그리고 친구가 아이에게 젖을 물리는 모습을 보는 그녀의 얼굴에는 자신도 모르게 슬프고 멍한 표정이 떠오른다. 나아가 자신이 과거에 만들어서 선물해 줬던 인형을 아이가 좋아하는 모습에 노리오가 드러내는 감정은 더욱 복잡해진다. 노리오는 살짝 기쁜 표정을 짓다가도 아이가 자신과 눈을 마주치자 당황하며 피한다.

집에서 나와 돌아가려는 노리오에게 친구는 계속 츠루마루의 곁에 있을 것이냐, 괴로울 뿐이지 않느냐 묻는데 노리오는 "너와는 다르게 나는 아이를 낳을 수 없으니까"라고 대답한다.[37] 노리오는 그 자신이 아이를 낳을 수 없기 때문에 츠루마루의 곁에 남아 있을 수 있다는 역설적인 운명에 처해 있다. 그리고 스스로의 부조리한 처지를 그 누구보다 그녀 자신이 가장 뼈저리게 잘 알고 있었다는 사실은 그녀의 죽음 직전 내적 발화에서 다시 한번 확인된다. "츠루마루에게 나는 여자가 아니었다. 하지만 오히려 그래서 그 어떤 여자보다 항상 그의 곁에 있을 수 있었다."[38]

노리오는 츠루마루가 자신을 여자로 보고 있지 않다는 사실을 알고 있기 때문에 그에게 연애 감정을 가지고 있었음에도 그를 좋아한다고 표현하거나 내색을 비추지 않는다. 생식 행위에 집착하는 츠루마루를 상대로 임신을 할 수 없는 자신이 감정을 밝혀 봤자 어차피 부질없는 짓이라는 사실을 이미 알고 있기 때문에 불가능한 일에 헛되이 마음을 쓰지 않겠다는 자존심 때문이리라. 그럼에도 "내(츠루마루)가 부탁할 사람은 너(노리오)밖에 없"기에 그녀는 그의 곁에 남아 있다.[39] 노리

37   鬼頭 莫宏, 『なるたる 7』(講談社, 2001), 48쪽.
38   鬼頭 莫宏, 『なるたる 10』(講談社, 2003), 193~194쪽.
39   鬼頭 莫宏, 『なるたる 10』(講談社, 2003), 53쪽.

오는 자신이 츠루마루에게 중요할 때 가장 필요한 존재가 될 수 있다는 사실을 확인하는 것으로 기쁨을 넘어 자긍심마저 느끼는 듯하다.

그렇게 노리오는 츠루마루를 돕다가 죽음을 맞는다. 츠루마루의 최종적 목표는 지구상의 모든 것, 지구 그 자체를 재창조할 수 있는 능력을 지닌 주인공 타마이 시이나가 각성할 때까지 지키고 돕는 것이었는데, 노리오는 츠루마루를 위해 시이나를 지키다가 죽는다. 특히 시이나가 한 사람의 여성으로서 자신의 모성, 창조성과 마주하는 성장 서사를 축으로 진행되는 이 만화에서 창조성이 부재하는 몸을 가져 성장 가능성 자체가 막힌 노리오의 현실은 더욱 비참하다. 심지어 이런 와중에 노리오는 시이나를, 자신에겐 없는 창조성과 성장 가능성과 미래를 가진 여자를, 그리고 자신이 좋아하는 남자에게 우선시되는 여자를 지키다 죽는다. 그녀가 스스로를 "왠지 불쌍하다"라고 평가하는 것도 과민 반응은 아니리라.[40] 마지막 순간 노리오는 츠루마루에게 끝내 좋아한다는 말조차 건네지 못했다는 사실을 떠올리고 웃음을 흘리며 죽는다.

40   鬼頭 莫宏, 『なるたる 10』(講談社, 2003), 184쪽.

노리오가 죽어 가는 동안 그녀의 '용의 아이'는 성체로 진화하려 하는데, 이 과정에서 자신에겐 불가능한 임신에 대한 그녀의 열망이 가장 선명하게 그려진다. 죽어 가는 바기나 덴타타는 하늘로 솟아올라 말 그대로 이빨 달린 음문 같은 입을 활짝 벌린다. 이 입은 날개와 합쳐져 벌어진 골반의 형상으로 변하고 그 안에서 웅크린 태아와 같은 것이 탯줄에 매달린 채 내보내진다. 그러나 성체로 진화하기 위해선 그 소유자와 접촉해 한 몸이 되는 융합 과정을 이루어야 하는데, 바기나 덴타타는 노리오가 강간당하며 산 채로 신체를 해체당하는 동안 멀리 떨어진 곳에서 시이나를 지키고 있었기 때문에 미처 출산을 완수하지 못하고 몸이 꺾여 스러진다.

작중에서 가능한 모든 물질을 자유롭게 창조해 낼 수 있지만 그 자신은 영혼을 가지고 있지 않기 때문에 생명체만은 만들어 낼 수 없는 '용의 아이'의 운명 자체가 노리오의 것과 같다. "만드는 건 여자의 역할이고 남자는 도울 뿐"이라는 츠루마루의 말처럼 노리오는 조각가로서 그녀의 용의 아이와 닮은 피조물들을 끝없이 만들어 낸다.[41] 그럼에

---

41   鬼頭 莫宏, 『なるたる 10』(講談社, 2003), 190쪽.

도 그 피조물들 중 생명이 담겨 있는 건 단 한 개도 없다. 애초에 뼛조각 같은 형상을 갖춘 그녀의 조각품들을 보면 그녀 자신도 '생명 없음'을 염두에 두고 작품을 만드는 듯하다. 음문처럼 세로로 길게 찢어진 장막 입구를 통과해 들어갈 수 있는 그녀의 전시장 한가운데 눈을 감은 채 대롱대롱 천장에 매달린 천사의 형상은 살아 움직일 기척을 보이기는커녕 오히려 **적극적으로** 죽어 있으려 하는 것처럼마저 보인다. 나중에 거칠게 뜯겨진 노리오의 목은 이 천사의 머리가 있던 자리에 대신 걸리게 된다. 해당 장면에선 대사 하나 없이 노리오의 훼손된 시체와 그걸 바라보는 츠루마루의 눈만이 한 페이지를 전부 할애해 그려져 있다. 이때 죽은 노리오의 표정은 공교롭게도 츠루마루의 아이를 기르고 있는 친구를 방문했을 때의 표정과 유사하다. 잘린 목이 살짝 기울어진 채 걸려 고개가 아래를 향하고 있는 듯한 점까지. 때문에 노리오는 자신을 바라보는 츠루마루의 시선을 피하는 것처럼도 보인다. 그녀의 머리 아래 원래부터 생명이 없었을 구체 관절 인형 몸은 새로운 생명을 창조해 내지 못했던 노리오 몸의 황량함을 대변하고 있는 것처럼 느껴진다. 평소에 뼛조각 같은 조각품들이 산처럼 쌓여 있는 그녀의 작업 공간은 예술가로서 끊임없이 창조 행위를 이어 나감에도 불구하고 생명체로서는 재생산할 수 없는 그녀의 모순된 운명을 강조하는 듯하다.

'용의 아이'가 그 소유자의 영혼과 연결되어 있고 오로지 소유자의 의지에 의해서만 형태를 갖추고 움직이며, 결국에는 그 소유자와 결합하는 과정을 거쳐서만 성체가 될 수 있는 것 또한 노리오와 같은 생명 창조의 불가능성에 의한 것이다. 어머니가 될 수 없는 코가 노리오는 작품 속에 등장하는 수많은 부모들, 자식들, 생명을 낳을 수 있는 존재들과 태어난 생명들 사이에서 모든 총체적 불가능성을 도맡고 있다. 생명에 대해 이야기하기 위해 『나루타루』가 생명을 필요로 하는 '용의 아이'라는 존재를 만들어 낸 것처럼, 코가 노리오는 역설적으로 그 자신의 결여를 통해 창조성을 말한다.

릴리 엘베는 이렇게 썼다.

"내면의 충동을 통해 예술작품을 만들어야 했던 안드레아스와 반대로, 나 자신의 삶은 예술을 이루는 모든 것들로부터 비껴 나가 있었던 것으로 느껴져. 내가 무슨 말 하는지 알겠어? 내가 창조적이고 싶은 건 내 뇌가 아니고, 내 눈이 아니고, 내 두 손이 아니야. 나는 내 심장과 내 피로 창조하고 싶어. 여자로서의 내 삶 속에서 불타오르는 갈망은 한 아이의 어머니가 되고자 하는 것이야. 이 소원이 이루어질 수 있든 없든, 내가 이 욕망을 순수한 여자 마음의 충만함으로 솔직하게 인정할 수 있다는 사실 자체가 내게는 무한한 행복이야. 내가 이 행복을 경험할 수 있을지도 모른다는 사실 자체가 여기 드레스덴에서 내게 벌어진 모든 일을 정당화해."[42]

42   Niels Hoyer, ed., *Man into Woman: An Authentic Record of a Change of Sex*, trans. H. J. Stenning(E.P. Dutton & Co, 1933), p. 280.

더 아래를 보며

어차피 일기이니까 솔직히 말하자면 「100% 실패의 트랜스 모성」에서 '코가 노리오' 장은 쓰는데 또다시 단장이 끊어질 것만 같았다.

그전에 단장이 끊어질 것 같았던 때는 3월 3일. 어렸을 때 읽은 『나루타루』를 다시 읽었을 때다. 그날 운 건 단지 그 때문만은 아니었지만, 정확히 이 만화를 읽으면서 단장이 끊어질 것 같았던 건 사실이다. 처음부터 불완전함이 결정되어 있는 몸과 불모의 운명에 대해 나는 무얼 할 수 있을까? 눈을 돌리고 있던 것들과 정면으로 마주하고, 나 자신을 방어하기 위해 세워 놓았던 거짓말들이 무너져 내리는 순간에 분노와 증오에 취하고 우울과 센티멘털리티를 핥아대는 것 말고 무슨 가능성이 존재한다는 말인가?

그래도 나는 아직 맛을 느낄 수 있다는 사실 자체가 소중하다. 비록 혀가 타들어 가는 맛이라 해도 그 앞에서 내 미뢰들은 여태 살아 있다. 그 지독하고 지난한 감각들에도 익숙해지지 않아서 매번 새롭게 느낄 수가 있다. 이것은 아직 내가 살아 있다는 데에서 유일하게 빛나는 긍지이자 즐거움이다.

나는 더 부서지고 더 무너져 내려야 한다. 오히려 내 안에 숨어 있는 진실이 과연 얼마만큼 남아 있는지, 바닥이 드러나기 전에 언제까지 파낼 수 있을는지가 걱정이다. 물론 살다 보면 내가 눈을 돌린 곳에서 새로운 진실이 계속 더 생길 것이고 그것들은 알아서 또 다른 거짓말 뒤로 가려질 것이다. 그러니 공연한 걱정이겠지.

내가 무뎌질 것은 걱정하지 않는다. 무뎌진 나는 이미 내가 아닐 테니까. 그때 나는 이미 죽은 것일 테니 그것은 죽음을 걱정하는 것이나 마찬가지다. 그리고 피할 수 없는 것을 걱정하는 일만큼 멍청한 짓은 없다.

어둠 속에서 찾아지는 것은 비록 또 다른 어둠뿐일지라도 나는 계속 더 깊이 들여다보아야만 한다.[43] 이 눈은 어둠 속에서밖에 빛날 수 없으므로.

43   츠쿠시 아키히토, 『메이드 인 어비스 8』(미우, 2019), 19, 53쪽.

호르몬 일지
일기들

1판 1쇄 찍음 2024년 6월 19일
1판 1쇄 펴냄 2024년 6월 26일

지은이 영이
발행인 박근섭, 박상준
펴낸곳 ㈜민음사

출판등록 1966. 5. 19. (제 16-490호)
서울특별시 강남구 도산대로1길 62(신사동)
강남출판문화센터 5층(우편번호 06027)
대표전화 02-515-2000
팩시밀리 02-515-2007
www.minumsa.com

978-89-374-9219-8 04300
978-89-374-9200-6 세트

■ 잘못 만들어진 책은 구입처에서 교환해 드립니다. ■